人生は
心の持ち方で変えられる?

〈自己啓発文化〉の深層を解く

真鍋厚

光文社新書

はじめに

「考え方のクセを変えることで、人生はラクになる」

「顔の整形よりも、考え方を整形したほうがたくさんの人を救える」


これは、ひろゆきのベストセラー『1%の努力』に書かれてある言葉だ。

かつて匿名掲示板「2ちゃんねる」の開設者として知られたひろゆきは、二〇二〇年以降、インフルエンサーとして圧倒的人気を誇る一方で、自己啓発書の書き手としても頭角を現した。だが、ひろゆきのメッセージはこれまでの自己啓発書とは異質なものである。なぜなら、「がんばらない」「競争しない」「モノを持たない」など、いわゆる「意識高い系」の自己啓発とは逆張りの路線であったからだ。そのため「意識低い系」の自己啓発と呼ばれている。

実は、このような「意識低い系」の自己啓発は、とりわけ二〇一〇年代以降、若者を中心に急速に支持されるようになってきた。例えば、お片付けやミニマリズムといった、不要なモノを捨て、最小限のモノで暮らすライフスタイルの拡大は、物質主義や仕事優先、上昇志向といった前時代的な「考え方」から決別し、脱物質主義、私生活優先、幸福志向といった今風の「考え方」に転換したことを意味している。それを一言で言い表せば、人生から余計なものを「引く」と不安やストレスがなくなり、自分のやりたいことが見つかり、幸福度が上がる、となる。筆者は、努力や根性などを「足す」タイプの従来型の自己啓発と区別して、その本質をもっと明確にする意図から「引き算型の自己啓発」と名付けた。

働き方の面でもこの仮説を裏付ける材料は多い。長時間働いて会社に対する忠誠心を示すハードワークから、仕事と生活の調和を重視するワーク・ライフ・バランスへ、という流れが最も分かりやすいもののうちの一つだ。今や健康経営、ウェルビーイング（幸福）経営は先進企業の代名詞になりつつあり、従業員の幸福度を高めることが生産性の向上につながる好循環の実現が目指されている。

つまり、ひろゆき人気に象徴される「意識低い系」ブームは、現代特有の時代状況を「歯に衣着せぬ」形で表現したものに過ぎないのだ。近年の社会変化に目を移すと、低成長時代の長期化に伴い収入が上がらず生活が苦しい、将来に希望が持てないなどといった人々が増加しており、自己防衛のツールとしても「引き算型の自己啓発」が切実に必要とされている現実がある。このような視点から眺めると、これらのブームがすぐに終わるような一過性のものではないことが理解できるのではないだろうか。筆者の予想では、この先メインカルチャー（社会の主流を占める文化）の一部になっていくとみている。

本書は、「引き算型の自己啓発」の成り立ちとその行く末について一つの見取り図を示す小論である。と同時に、その前提となる従来型の自己啓発といえる「足し算型の自己啓発」の歴史をさかのぼり、現在まで連綿と続く自己啓発文化の深層を解き明かす謎解きでもある。

少しばかり先回りして本書のハイライトをいくつか紹介しよう。

・絶大な支持を集めるインフルエンサーであり、自己啓発作家でもあるひろゆきが発信する「がんばらない」などの「意識低い系」のメッセージは、不要なモノや思考、人間関係などを「差し引く」と幸せになれるという点で、お片付け／ミニマリズムや、最少の時間で最大の成果を掲げる世界的ベストセラーのビジネス書と共通している。

・二〇一〇年前後に出現した「引き算型の自己啓発」の元祖、お片付け／ミニマリズムは、伝統的な共同体が衰退してアイデンティティが希薄になる中で、古い自分を捨てて新しい自分に生まれ変わるという「通過儀礼」の機能や、経済の長期停滞によって生じた節約・節制のニーズを「幸せになるための技術」として正当化する役目を担っている。

・自己啓発書の源流は、三〇〇年前に書かれた「貧しいリチャードの暦」という名言入りカレンダーで、それを作ったのはアメリカ独立宣言の起草委員の一人であるベンジャミン・フランクリンであった。アメリカ建国の父は自己啓発の父でもあり、その資本主義の精神は産業社会と近代化の進展に合わせて広く波及することになった。

・「人間の心は宇宙と直結している」「あらゆる病は本人の無知が原因である」「誰もが無限の可能性を持ち、成長と発展と幸福の機会が与えられている」などと考えるニューソート（キリスト教の異端思想）は、京セラの創業者である稲盛和夫や、松下電器の創業者である松下幸之助といった影響力のあるカリスマ経営者に多大な影響を及ぼし、「労働は神聖なもの」と考える日本的な労働倫理と合体することになった。

・江戸時代の思想家、石田梅岩《ばいがん》が創出した石門心学は、日本における自己啓発受容の陰の立役者である。石門心学は、三徳＝「正直・倹約・勤勉」を重視し、「世界の本質は、心の働きにあると考え、物質的な存在よりも優位にある」と捉える「唯心論」的な世界観を持っていた。これがのちに、スマイルズの『自助論』やニューソートの絶好の受け皿になった。

・日本で流通している『自助論』は、その多くが全訳ではなく〝抄訳〟版である。原著では自助と共助がセットで語られていたが、その部分は長らく軽視されてきた。本来自己啓発には仲間の存在が欠かせないというのがスマイルズの主張であったが、現在もなお「自助とは、誰の助けも借りずに一人で努力すること」と誤解されている。

・現在、わたしたちの社会は、幸福度こそが人生の質を決定するという「幸福度競争社会」になりつつある。社会的成功よりも主観的幸福を追求する幸福志向は、「引き算型の自己啓発」の特徴の一つだ。脳を徹底してコントロールしようとするブレインテック、瞑想ブーム、ストア派の再評価、反自己啓発……これらはすべて現代の新しい宗教である。

とかく自己啓発という言葉は手あかが付いている。しかも、多様な文脈で使われており、とりわけ個人が自己啓発書にのめり込んでいる場合は嘲笑の対象になることも少なくない。

けれども、今や企業における従業員の能力開発は、「リスキリング（Reskilling）」（技術革新などに対応するための新しい知識・スキルの習得）一色で、国もリカレント教育（生涯にわたる学び直し）が不可欠であることをしきりと訴えている。そして、そこで想定されている主体性、意欲、自己管理やコミュニケーションの能力といったソフトスキルは、現状を見る限り、自己啓発的な行動修正の力を借りなければ達成が困難なものが多い。

その一方で、わたしたちの側も同様の手法を用いて幸福度を上げることにやぶさかではない。ＡＩを活用したアプリでコーチングやセルフケアの支援を受ける例はもはや珍しいものではなくなっている。多くの人々が心身の健康を増進させるだけでなく、効率良くメンテナンスしたいと思っている。

そう、社会がわたしたちに自己啓発を要請しているのと並行して、わたしたちもまたそれを必要としているのだ（反自己啓発という立場においてもである）。

本書を読めば、自己啓発という言葉の中にまったく別の風景が立ち上がってくるだろう。

人生は心の持ち方で変えられる？

目次

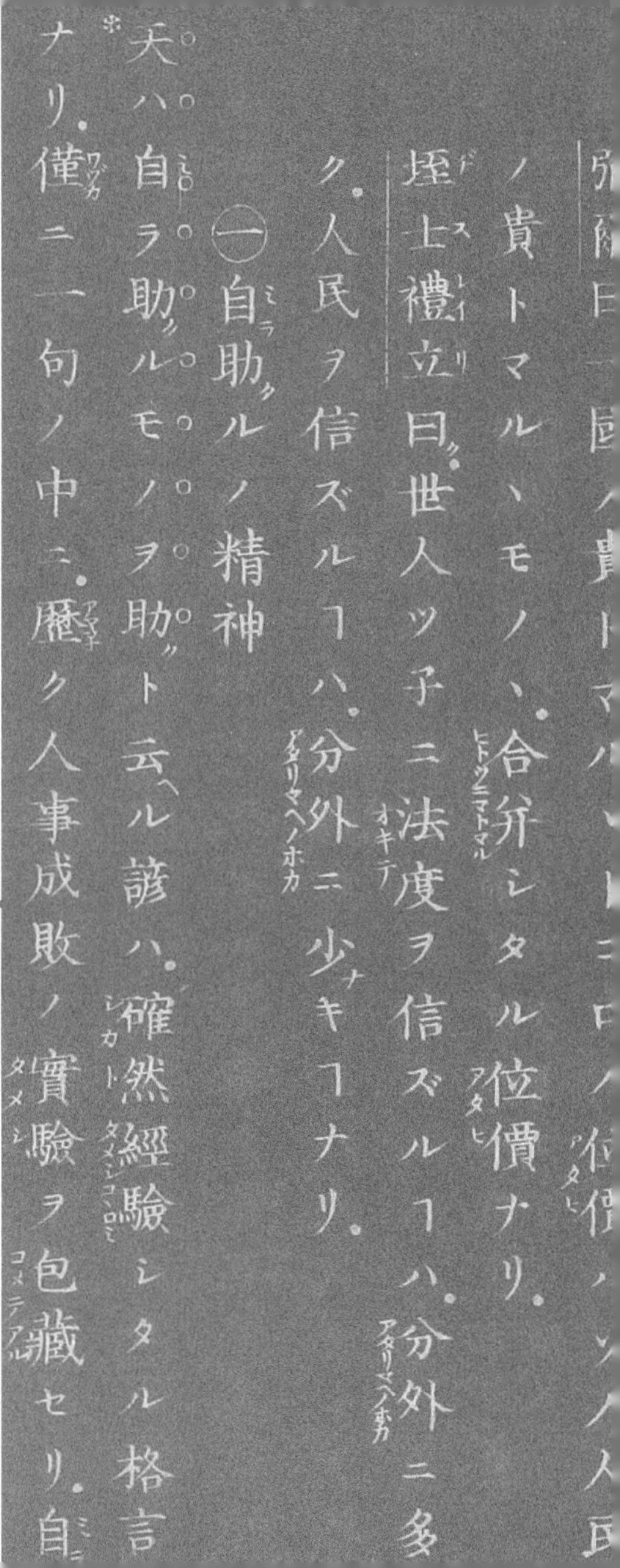

【Ⅲ】終わりなき自己啓発 未来

第6章 『自助論』——一五〇年の誤読 197

第8章　幸福度競争社会

図版作成／マーリンクレイン

I

引き算型自己啓発

現在

第1章　なぜひろゆきブームなのか

考え方次第でラクになることは、スキルとして持っておこう。親も教師も言わないかもしれないが、
それが「生存する」ということだ。

ひろゆき『1％の努力』

謎を解く鍵は「脱力的なスタンス」

「自分の利益は誰も守ってくれない。自分で守ろう。守りながらも、既得権益を壊そうとする動きがあるならば、逃げられるようにしておく人が賢い」

「頭は使いすぎないほうが仕事は成功しやすい。使える時間の2割くらいに留めたほうが仕事で成果は出やすい」

「〝成功者〟の発言を真に受けて、『自分はまだまだだ、もっとがんばらなきゃ』と考えるのは、どうなのかなと思います」

「サラリーパーソンは最低ランクでいいやと割り切れば、気楽に過ごせます」

「『貧乏だけど幸せ』な人は無敵」


これは、実業家のひろゆきこと西村博之（以下、ひろゆき）が自著で展開している主張の一部だ。

思わずギョッとするような呼び掛けや、真意を測りかねるアドバイスがあるなどして、読者の中には一読して困惑する人もいるかもしれない。ひろゆきは、もともと日本最大級の匿名掲示板「2ちゃんねる」開設者として知られている。現在は英語圏最大の匿名画像掲示板「4chan」の管理人などを務めているが、これまで一般の人々にはあまり馴染みがない存在だった。

状況が大きく変わったのは、二〇二〇年四月のコロナ禍以降である。ひろゆきのYouTubeチャンネルの動画再生数、登録者数がうなぎ上りに増加し、瞬く間に人気インフルエンサーとして不動の地位を築いた（二〇二四年七月六日現在、YouTubeチャンネルの登録者数は一五九万人、Twitter〔現X〕のフォロワー数は二四九万人）。地上波やネット配信のテレビ番組で引っ張りだこの状態にある。

あるときは視聴者からのくだらない質問にも嬉々として応じる親近感のあるユーチューバー、あるときはテレビ番組の議論をひっくり返したり、論点をずらしたりして場を荒らすコメンテーター、あるときはTwitterで日本の経済政策などに真っ向から異を唱えるアジテーターといった多様な顔を持っている。そのため、ネット炎上も数知れず、毀《き》誉《よ》褒《ほう》貶《へん》の激しい人物でもある。それだけインフルエンサーとしての影響力が年々高まっており、発言の一つひとつが多くの人々の注目を集めている証拠ともいえる。

実際、十代から二十代の若者たちによる圧倒的な支持は無視できない。通信アプリ大手の

ＬＩＮＥの調査プラットフォーム「ＬＩＮＥリサーチ」の調べによると、一五〜二四歳の男女を対象に「いちばん信頼している／参考にしているインフルエンサー」を尋ねたところ、総合一位がＨＩＫＡＫＩＮ、総合二位がひろゆき、総合三位が渡辺直美と松本人志という結果だった。男性はすべての年齢層で「ＨＩＫＡＫＩＮ」が一位、「ひろゆき」が二位となっている（二〇二一年版）。

なぜこんなにも若者たちに好意的に迎え入れられているのか。

筆者は、その謎を解く鍵の一つが、冒頭に取り上げた著書に示されている、ズバリ本音を言うキャラクターと「脱力的なスタンス」にあるとみている。

YouTube のライブ配信でひろゆきは、自分の信条や人生観といったことを、視聴者からの質問に答える形で繰り返し語っている。例えば、高級ファッションブランドをありがたがる人たちについて、「(ブランド品は) バカ向けに高いだけで意味ない」などと軽蔑する、年収や住まいなどで他人と比較しがちな傾向を「自分の価値観をコントロールされてる人って いうのはマクドナルドのハンバーガー好きと一緒」と突き放すといったふうに、歯に衣着せぬコメントが特徴的である。若年層を中心とする視聴者は、ひろゆきに「王様は裸だ」と言える「論破王」的なエンターテイナーとしての役割だけではなく、生き方のバリエーションを広げるようなオピニオンリーダー的な役割を期待しているところがあった。

編集者やライターはそこに目を付け、インタビューなどを依頼し、書き起こした文章を再構成したものが、『1％の努力』をはじめとする自己啓発書に結実していった。つまり、書き手が自らの問題意識に沿ってイチから書き起こしていくタイプの自己啓発書とは異なり、ライブ配信における双方向的なコミュニケーションで浮き彫りになった一般の人々の関心事がベースになっているのだ。そのやり取りを観察していると、古くからあるご意見番といった立ち位置というよりかは、仕事やキャリアの面で助言・指導を行なうメンターに近いもので、この違いは見た目以上に非常に重要である。

「考え方次第で人は幸せになれる」

ひろゆきの主張をワンフレーズに要約すると、「考え方次第で人は幸せになれる」だ。「がんばらない」「競争しない」「モノを持たない」など、従来の自己啓発とは逆張りの路線であったことから、いつしか「意識低い系」の自己啓発と呼ばれるようになった。「意識高い系」は、自己アピールや自分磨きに余念がなく、やたらと成長志向が強いタイプの人を揶《や》揄《ゆ》したネットスラングだが、それに対するアンチテーゼとみなされるようになったのである。

具体的な中身についてはのちほど論じるが、先にポイントだけをかいつまんで述べておくと、本書で筆者は自己啓発を「足し算型」と「引き算型」に分けることを提唱している。

「足し算型」は、その名の通り自助努力を積み重ねて高い報酬や地位を得ようとする「上昇志向」の自己啓発だ。「引き算型」は、「足し算型」のような社会的な成功にはこだわらず、ストレスや重荷になっている事柄や考え方から自由になり、快適な生活を手に入れようとする「幸福志向」の自己啓発といえる。前者が「意識高い系」、後者が「意識低い系」の自己啓発におおむね対応している。

筆者の見立てでは、近年、給料が上がらず、将来に希望が持てないなど、低成長時代に対する自己防衛から、「引き算型」の自己啓発に対するニーズが優勢になってきており、ひろゆきの一連の自己啓発書はその文脈で受容されているところが大きい。今後「引き算型」の自己啓発が広く世の中に行き渡り、ビジネスシーンだけでなく、生活全般に波及していくことが予想される。そのため、ひろゆきを代表格とする「引き算型」の流行と、それが必要とされる社会的な背景について論評することは、わたしたちがおかれている時代状況やその行く末を占う上で有益であると考えている。

第1章では、ひろゆきが発信するメッセージが肯定的に受け入れられ、「引き算型」の自己啓発が社会に浸透しつつある現状を描き出すとともに、その背後にどのような問題があるのかを明らかにしようと思う。また、ホリエモンこと堀江貴文の自己啓発書との比較から、従来日本においてビジネスパーソンなどが影響を受けてきた自己啓発との違いを解説していく。加えて、ひろゆきブームに関しては、その立役者ともいえるダイヤモンド社の編集者、種岡健《たねおかけん》の功績が見逃せない。「意識低い系」の潜在的なニーズにいち早く気付いた理由や、自己啓発とともに歩んだ興味深い半生を含めてインタビューで解き明かしている。自己啓発のトレンドの変化を掴む上でとても参考になる証言になっている。

もう一つの重要な論点は、「引き算型」の自己啓発を支えているダウンシフト（減速生活）的な潮流が、現代の日本に特有の側面を持つと同時に、世界的な潮流でもあることだ。コロナ禍の終わりが見えてきた二〇二二年にアメリカを席巻した「静かな退職」（Quiet Quitting）や、ほぼ同時期に中国で広がった「寝そべり族」といった社会現象、さらには最新の自己啓発書の動向などを踏まえながら、ひろゆきブームに象徴される日本社会の展望についても併せて論じるつもりである。

能力や人格を高め、より良い人生を切り拓く

まず本書における自己啓発という言葉を定義しておきたい。

もともと自己啓発という概念は、主に企業における従業員の能力開発の文脈で一九六〇年代から用いられてきた（増田泰子「企業における『自己啓発援助制度』の成立」『大阪大学教育学年報』、一九九九）。実際、厚生労働省の「能力開発基本調査」における定義をみると、自己啓発とは、「労働者が職業生活を継続するために行う、職業に関する能力を自発的に開発し、向上させるための活動」とある。

これを踏まえつつ本書では、もう少し一般に流通している広い意味でこの語を使いたいと考えている。なぜなら、ナポレオン・ヒルの『思考は現実化する』といった古くからある成功法則や、最近書店で目に付く『人は〇〇が９割』といった自助マニュアル、二〇二二年から空前の出版点数を記録している後期高齢者向けの生き方指南に至るまで、自己啓発書と呼ばれるジャンルの範囲が拡大していることに加えて、お片付け、ミニマリズムなどといった

生活術全般にも自己啓発の思想がどんどん浸透してきているからである。

国語辞典などの定義を参照すると、デジタル大辞泉は、「本人の意思で、自分自身の能力向上や精神的な成長を目指すこと。また、そのための訓練」と、仕事や職業に限定されない定義をしている。オックスフォード現代英英辞典でも、「自己啓発」(self-improvement)を「人が自分の努力によって知識、地位、性格などを向上させるプロセス」(the process by which a person improves their knowledge, status, character, etc. by their own efforts)と記述している。この辺りが自己啓発の現状をフォローするのに相応《ふさわ》しい定義といえそうだ。

そのため本書では、自己啓発を「自分の能力や人格などを高めることによって、より良い人生を切り拓こうとする思想」とやや広めに定義しておきたい。

すでに社会学者の牧《まき》野《の》智《とも》和《かず》は、『自己啓発の時代』(勁草書房、二〇一二)で広義の自己啓発を「自分自身の認識・変革・資質向上への志向」と定義しているが、意味としてはこれとほぼ同じである。筆者の定義には、人生におけるステップアップに対する意識を明確にする意図から、成功から幸福までを含む「より良い人生」というキーワードをあえて盛り込むことにした。

「誰にも負けない努力」が推奨された時代

従来の自己啓発は、スキルアップと階層上昇が分かちがたく結び付いていた。

筆者が本書において「足し算型」の自己啓発と呼んでいるものだ。

自己啓発の歴史に関しては別の章に譲るが、もともと自己啓発は、富や地位を手に入れるためにはたゆまぬ努力や能力の向上が必要だという「足し算」に意識が向けられていた。お金を稼げないのは努力が「足りない」からで、新たに努力を「足す」ことで解決できる。出世できないのは能力が「足りない」からで、新たに能力を「足す」ことで解決できるという分かりやすいロジックである。がむしゃらに働くことはもちろんのこと、どうすれば困難や危機をものともしない強い信念を持つことができるのか、ポジティブに考えられるようになるのかといった思考法、成功哲学などがお馴染みのラインナップであった。

二〇二二年八月、九〇歳で亡くなった京セラ創業者・稲盛和夫の経営哲学「誰にも負けない努力をする」が象徴的だ。稲盛は創業当初、昼夜を問わず仕事に没頭した際に、従業員から「こんな働き方では長続きしない」という声が上がったエピソードを紹介している。それに対して、稲盛は「経営をマラソンに例えるなら、我々は後発の素人集団のようなものだ。

素人が普通のペースで走ってもさらに距離を離されてしまう。たとえ短い時間であっても全力で走り、勝負を挑みたい」と経営幹部を鼓舞した。そして、当時の働きぶりを回顧して「100メートル走のスピードでマラソンを駆け抜けるような努力」だったと述べている（稲盛和夫 OFFICIAL SITE／稲盛経営12カ条／第4条　誰にも負けない努力をする）。稲盛は『働き方　「なぜ働くのか」「いかに働くのか」』（三笠書房、二〇〇九）でも、「ただの努力では、企業も人も大きく伸ばすことはできません。『誰にも負けない努力』こそが、人生や仕事で成功するための駆動力となるのです」と、人生の成否をも左右する事柄であることを改めて強調している。

このような考え方は、努力を積み重ねたぶん豊かになれると思える時代背景によって後押しされていた。高度経済成長期は「明日は今日よりも良くなる」という成長神話が信じられていたからである。努力や能力の「足し算」は、いけいけどんどんの時代精神と非常に相性が良かった。それだけでなく、大半の人々が右肩上がりの経済の恩恵を受けていたために、因果関係を超えて一定の説得力を持っていたのだ。

実際、稲盛のような努力信仰が報われるケースは少なくなかった。そこには、ある種の楽観主義が潜んでいた。稲盛が「何としても目標を達成したいという願望をどれだけ強く持つことができるかが、成功の鍵」と語ったように、物事は心に描いたとおりに成就するという自己成就予言がセットになっていたのである。仕事のためにすべてを犠牲にして働く「モーレツ社員」「企業戦士」も、このような努力信仰と自己成就予言が成立しやすい時代状況の産物といえ、そのための精神論と自己研鑽を必須とする「成功物語」が持て囃《はや》された。

「成功物語」のアップデートへ

バブル崩壊後、素朴な努力信仰は揺らいだものの、「何かを足す」ことによるスキルアップと上昇志向は相変わらず命脈を保ち、情報社会的な視点が新たに加わった。

その代表格ともいえるのが、実業家のホリエモンこと堀江貴文が示したメッセージだった。『稼ぐが勝ち ゼロから１００億、ボクのやり方』（光文社、二〇〇四）はその典型だ。「成り上がる」ための起業に焦点を当てており、やりたいことを実現するために、何十億というお金をいかに稼ぐかが主題になっている。「普通に考えれば、会社をつくるのが成功への最短の近道」「成功する人間とは、自分の知識や景観なんてちっぽけなものだと自覚し、他人の力を上手に利用できる人間のこと」「人間の最終的な目標は成功です」といったふうに、徹頭徹尾、社会的な成功へのステップアップが前提となっている。

二〇〇ページほどある単行本を子細に見ると、六〇か所以上も「成功」という言葉が使われている。堀江は、受験戦争→一流大学→一流企業といった従来の昭和的な成功のパターンが成り立たなくなったと述べ、ネットがインフラ化する時代における成功のパターンを説くわけだが、決して「成功物語」自体を否定しているわけではない。むしろ「成功物語」のアップデートが必要だと宣言しているのである。

二〇一七年の『多動力』（幻冬舎）においてもこの方向性は変わっていない。

「一つの仕事を定年まで全うするのが正しい」という幻想への固執を否定し、複数の肩書を持ち、様々な業界を横断することでレアな存在になり、自分の価値を上げていく「スキルの多角化」の勧めだ。ここでも、「石の上にも三年」といった修業や下積みを経て、一人前の職人のように働く前時代的な「成功物語」に異議を唱える一方で、同時並行でいろいろな仕事をこなせる「多動力」こそが新時代の「成功物語」を左右すると断言している。いずれにしても、根底にあるのは、成功志向であり、前述の高度経済成長以降、特に強く信じられていた、経済を上向きにすることで欲しいモノや地位を手に入れ、より高い目標や事業の拡大へと突き進むための「スキルの足し算」といえる。

そういう意味において堀江は、まだ昭和の残り香を引きずっているといっていい。

一九七二年生まれで、バブル崩壊前夜の景気を垣間見ていることが強く影響している。それは「アルバイトで月々三〇万から四〇万円ほど」稼いでいたとする大学時代に、大卒の初任給が二〇万程度と先輩から聞いて就職に疑問を持ったことや、いわゆる「成り上がり」の手本がいなくなったことを嘆いていることなどに顕著にみてとれる。

だからこそ、「若者の夢がなくなることで経済は失速していく」「僕たちが夢を見せることで、再び日本経済は活性化していく」という考え方になるのである。そのため、「はじめからお金持ちになるのをあきらめてしまい、『僕は僕なりの夢を追求します』と自分の枠に収まってしまっている」ことに疑問を感じざるを得なくなるのだ。

彼は自身の成功体験を可能にした状況をこう回想する。

僕が大学一年の頃はまだバブルの余韻があって、塾の講師とか家庭教師とか、それ以外にもイベント関係のバイトなんかがたくさんあった。それでかなりのお金を簡単に稼ぐことができたのです。

これは、いってみれば、成功体験を容易にする条件が当時の好景気と無関係ではなかったことを示唆している。

競争社会、物質主義からの逃走

他方の「引き算型」の自己啓発は、努力次第でどうにかなるといった価値観からの決別であり、いわば「成功物語」からの脱却といえる。

成功が人生のすべてだとは考えない。むしろ「勝ち組／負け組」で区別される比較のゲームから降りて、幸福な人生を送るのに不要だと思われる障害物を取り除く「引き算」に意識が向けられている。それは親や世間から植え付けられた価値観であったり、その価値観に引きずられて選んだ仕事や働き方、生活習慣、購入した商品等々ライフスタイル全般に及ぶ。

二〇一〇年代以降に出版された自己啓発書のタイトルがその真髄をうまくパラフレーズしている。『人生を半分あきらめて生きる』（諸富祥彦、幻冬舎新書、二〇一二）『40歳を過ぎたら、三日坊主でいい。』（成毛眞、ＰＨＰ研究所、二〇一三）『ゆるい生き方　ストレスフリーな人生を手に入れる60の習慣』（本田直之、大和書房、二〇一〇）『がんばらない成長論』

（心屋仁之助、学研プラス、二〇一六）『持たない幸福論　働きたくない、家族を作らない、お金に縛られない』（pha、幻冬舎、二〇一五）『しょぼい起業で生きていく』（えらいてんちょう、イースト・プレス、二〇一八）『あやうく一生懸命生きるところだった』（ハ・ワン、ダイヤモンド社、二〇二〇）……。

「引き算型」の自己啓発のルーツは、モノを減らすことで人生の幸福度を上げようとするミニマリズムにある。

第2章で詳述するが、とりわけ二〇〇八年のリーマン・ショック以後、若い世代を中心に車やブランド品を重んじる物質主義的なライフスタイルが見直され、必要最小限のモノで生活を送り、コミュニケーションや体験のための消費を優先する脱物質主義的なライフスタイルへの転換が進んだ。日本においても、階層上昇が期待できない低成長時代の進展と先行き不透明な社会経済状況に対する自己防衛の観点から、「世間並み」というステータスに縛られることや、仕事のためにプライベートを犠牲にすることに対する否定的な見解が一定の賛同を得るようになり、生活のサイズを落とすミニマリズム的な発想や、出世や経済的成功から距離を置いて多様な生き方を模索する風潮が広がった。

このような変化は様々なデータでも裏付けられている。三四歳以下の勤労者世帯の平均消費性向（可処分所得のうち消費支出にあてられる割合）が減少傾向にあることや、若年者がモノやサービスを使ってどのような経験・体験をするかという「コト消費」に積極的になっている現状が報告されている。[*1] 加えて、新入社員が年々仕事よりもプライベートを優先する考え方をするようになるとともに、管理職志向が減少していっていることも明らかになっている。[*2] 人生観では、若い世代ほど「真面目に努力すること」を重要視していないことを示唆する調査もある。[*3]

そもそも従来の競争社会、物質主義の魅力は、昭和的な豊かさを前提にしたものでしかなかったため、単に右肩下がりの時代への適応と評することもできるだろう。

インフルエンサーとしての影響力から見て、「引き算型」の自己啓発の代表選手といえるひろゆきは、堀江の立場から見て完全に真逆である。

『1%の努力』（ダイヤモンド社、二〇二〇）では、必死の努力でどうにかしようとするのではなく、努力しないで成果が出せる抜け道を見つけることを推奨し、「幸せの総量を増やすことを目標にすればいい」という持論を展開する。社会的な成功に執着して、無駄な努力を積み重ねるのではなく、自分の向き不向きを見極めた上で、幸福を追求することが重要だと述べるのだ。そこで再三強調されるのが自己の適性に見合ったポジショニングである。例えば、特別な才能がなければないなりに、そんなキャラでも重宝される場所を探せばよいとなる。ひろゆきはそれも「1%の努力」だと述べる。

自分のキャラを考えて、「いい人」として生きていくのも、「1%の努力」のひとつかもしれない。

みんながみんな、出世や競争だけを考えて生きていくのは息苦しい。

ここで提示されているのは、明確なオルタナティブ（新しい選択肢）の勧めである。ひろゆきは、『働かないアリ』に必要な素質は2つある」とし、「それは、『ダラダラすることに罪悪感がない』と『自分の興味のあることに没頭できる』ということだ」と主張する。もはや成長神話に縋《すが》れない現実を直視した上で、生き残れそうな業界や業種に進んでぶら下がり、お得な情報にはしっかりアンテナを張っておく賢明さを持てと鼓舞している。そして、

「大して働いていないけど、まったく働いていないわけじゃない。だから、クビにするほどではない」ポジションに納まるための「1%の努力」の重要性について切々と説く。ここには、世の中に定着している「成功物語」や、親世代などが守ろうとする「世間体」への疑問がある。

就職氷河期に培われた自己防衛的なライフスタイル

前述の「ダラダラ」と「没頭」は、いわば生存戦略の要となる態度といえる。

一般的には何かに成功したり、お金持ちになったりするのが問題解決だと思われがちですよね。でも、傍からは成功していないように見えていても、自分的には満足だって思える人って、それはそれで成功なんですよね。

孫正義さんのように、めちゃくちゃ稼いでいる人は成功者のように見えますよね。でも、適度に稼いでいて趣味が超楽しいとか、毎日ダラダラ暮らしている人と比べてどちらが

成功なのかとなると、もう価値観の問題になります。（以上『ひろゆき流　ずるい問題解決の技術』プレジデント社、二〇二二）

この「脱力的」ともいえる処世術は、ひろゆきが就職氷河期世代であることと密接に関係している。

ひろゆきは一九七六年生まれ。『1％の努力』に「僕らより上の世代は、バブル世代であり、時代を謳歌してきた」と書き、自分たちが貧乏くじを引かされた世代であり、一種の自己防衛として編み出したライフスタイルであることをほのめかしている。「僕の世代は就職氷河期だったので、ちゃんと自分の頭で考えてロジックを組み立てないと生きていけなかった」「僕の世代は時代が悪かった分、考えることを余儀なくされ、おかげで能力が身についた」と。前世代の昭和的な安定を享受できなかったため、独力で生き方を模索せざるを得なかったということなのだろう。

ひろゆきが育った東京都北区赤羽における生活が与えた影響も大きい。

住まいに近い桐ケ丘団地には、「生活保護の大人がすごく多かった」。そのため、「守らなければならない世間体のラインが、異様に低かった」と言い、「底辺と呼ばれている場所でも、住民が楽しそうに暮らしているのであれば、別に他人がどうこう言わなくてもよい」と達観するようになったと述べている。これは安易に誰かと比較することの不毛さを論じた際に取り上げたエピソードだ。その上で「考え方次第でラクになることは、スキルとして持っておこう。親も教師も言わないかもしれないが、それが『生存する』ということだ」と助言するのである。

ここにひろゆき流自己啓発のエッセンスが凝縮されている。

そもそもひろゆきは、日本でミニマリズムブームが起こる前から、ミニマリズム的な生活信条の実践者であった。最初の自己啓発書である『無敵の思考　誰でもトクする人になれるコスパ最強のルール21』（大和書房、二〇一七）以降、ひろゆきの著作に頻出する「お金がなくても生きられる」「働かなくても別に全然かまわない」という思想は、先の地元の赤羽で培った「達観」だけではなく、学生時代に少ない生活費でやりくりできていた原体験がベースにある。

『無敵の思考』でひろゆきは、生活にかかるお金、ランニングコストを上げてはいけないと主張する。ランニングコストが高いと、仕事を辞めたり、嫌な仕事もやらざるを得ないマインドセットになるからである。そこには、社会人になってからランニングコストを必要以上に上げた結果、遊んで楽しむためというよりかは、そのコストを維持するために必死に働かないといけないという倒錯に陥り、「不幸な人生」から抜け出せないとの認識がある。

同様の指摘は、『自分は自分、バカはバカ。他人に振り回されない一人勝ちメンタル術』（ＳＢクリエイティブ、二〇一九）でも展開され、「『給料を上げるスキル』よりも、『ムダなモノを一切買わないで生活できるスキル』を持っていたほうが、結果的に貯金が増えるし、人生の選択肢も広がりますよ」と述べ、「自分の維持費」を上げないことの効用を説いている。

さらに『無敵の思考』では、大学生の頃の節約生活を振り返って、「だいたい月に５万円あれば暮らせる」という目安が明確になったとしており、この金銭感覚は今もほとんど変わらないと断言するほどである。

『多動力』と逆方向を取った編集者の読み

ひろゆきは、「お金と幸せを切り離して考える」ことが重要と繰り返し述べている。

近い将来「スキルのない人が苦労する時代になっていく」（『無敵の思考』）と予想し、「安心できるまでお金を稼ぐことより、今の生活で満足できるように考え方をシフトするほうが手っ取り早い」と忠告するのだ。『自分は自分、バカはバカ。』でも、「サラリーパーソンは最低ランクでいいやと割り切れば、気楽に過ごせます」「スキルアップより自分と職場の相性をよくする」「上を見るな」などと同じような意見が表明され、〝居直り〟とも取れる態度が強みになるとしている。

ひろゆきの幸福観は、「消費者は一生幸せになれない」（『無敵の思考』）というものだ。お金を使って幸福を得ようとすると、ランニングコストが高くなり、もっと仕事で稼がなければならないという悪循環に陥るためである。その解決法として、「買い物などの消費活動ではなく、生産活動に喜びや癒やしを得られるように生きていくこと」（『ラクしてうまくいく生き方 自分を最優先にしながらちゃんと結果を出す１００のコツ』きずな出版、二〇二一）を提案する。この生産活動は、必ずしもお金を稼ぐことに直結しなくてもよく、絵を描いたり、小物を作ったりといった自分がやりたいことで創造性を発揮できるものを推奨している。極端な話、本人が好きでストレスの発散になっていれば、風呂掃除でも構わないと言う。『なまけもの時間術　管理社会を生き抜く無敵のセオリー23』（学研プラス、二〇二〇）では、「『貧乏だけど幸せ』な人は無敵」という私見が飛び出し、努力信仰、上昇志向とともに、消費主義を否定していることがいよいよ明らかになる。

表1−1●ひろゆきに特徴的な3つの主張

努力信仰の否定

「いかにラクして効率的に結果を出すか」
（『ひろゆき流　ずるい問題解決の技術』）

上昇志向の否定

「『貧乏だけど幸せ』な人は無敵」
（『なまけもの時間術』）

消費による幸福の否定

「幸せとお金をリンクさせない」
（『無敵の思考』）

これは、二〇一七年以降、ひろゆきの自己啓発書で一貫している考え方である。

そのため、ひろゆきは『1％の努力』で「必要だったのは、お金や時間ではない。『思考』だった」と極言するのだ。本当に「考え方次第でラクになる」のであれば、一生懸命働いたり、自分磨きにのめり込んだりするよりも、「考え方」を変えたほうが得策である。

第2章でもっと詳しく解説していくが、ひろゆきの思想とミニマリズムは驚くほど一致している。経済の先行きが不透明で、政治によって生活が良くなるとはまったく思えず、かといって自助努力で大きな成功などは望めない過酷な世界において、なんとか自暴自棄にならずにやり過ごすにはどうしたらいいのか――このような危機意識を抱いている人々にとって、ひろゆきが唱道するような「引き算型」の自己啓発は救いとなるだろう。なぜなら、背伸びをしてホリエモン的な「大きな成功」よりも、今いる場所で効率良く生き残ることに知恵を絞り、自分なりの楽しみを追求する「小さな幸福」のほうがハードルが低く、しかも社会が求める「大人らしさ」「社会人らしさ」というプレッシャーを緩和する側面があるからだ。

以上のように、ひろゆきブームは、本人が世代的な不遇ゆえに編み出した生存戦略が、あたかもリバイバルのように時代の空気とシンクロした結果といえるが、その一方で、ひろゆきの才能にいち早く気付いたプロデューサーの存在も同じだけ重要な意味を持っている。ひろゆき的な「意識低い系」「引き算」の自己啓発のニーズを察知した仕掛け人の功績である。『1%の努力』を企画したダイヤモンド社の編集者、種岡健だ。

筆者は二〇二二年八月に東洋経済オンラインに「ひろゆきがここまで圧倒的支持を集める

納得の訳」と題した記事を寄稿した。本書の書き下ろしの途中ではあったが、自らの着想の妥当性を含めて、観測気球的に人々に問う意図もあった。種岡は、自身のTwitterアカウントで筆者の記事を引用する形で、一部出版年の誤りとともに、以下の興味深い指摘をツイートしたのである。

当時は『多動力』などNewsPicksBookが自己啓発の中心だったので、そこと逆のスタンスを取るようにしました。phaさんの『しないことリスト』という本が最初の成功例で、そのフォーマットでひろゆきさんの考えをまとめました。

この文面を目にした筆者は、わが意を得たりといった感じで興奮し、早速インタビューを申し込んだ。

脱成長系のブロガーを自己啓発書の書き手に

種岡は一九八九年、兵庫県姫路市に生まれた。高校生のときにＩＴバブルを目にし、堀江貴文や藤田晋（現サイバーエージェント代表執行役員）、笠原健治（ミクシィ創業者）などに憧れを抱いたという。「東京の大学に行けば、そういう世界に触れられる」と思い、高校卒業後、早稲田大学に進学した。その頃はミクシィが全盛だったため、ミクシィを駆使して他大学の「ちょっと意識の高い大学生」同士で連絡を取り合い、頻繁に集うようになった。
「起業した者やコンサルになる者など結構順調に歩みを進めた人がいる一方で、一部の人は自己啓発セミナーやマルチ商法といった世界に取り込まれてしまった。自己啓発書から刺激を受けて、意識が高くなった結果、うまくいく人もいるが、他人に利用される人もいる。それが個人的にはすごい経験だった」と種岡は振り返る。このような光景を間近で見続けたことが現在の自分につながる原体験になったという。

種岡は起業したいという野望はあったが、起業で成功している学生と自分を比べて、その素質の決定的な違いに気付かされ、起業を断念する。積極的に行動する姿勢や社会人としての能力がずば抜けていて、自分にはとても敵《かな》わないと思えたのだ。「当時は『夢をかなえるゾウ』などが大ヒットし、『金持ち父さん 貧乏父さん』なども読んでいた。だが、リスクを負って行動していく人にはなれない。しかも、意識高い系の界隈は、油断すると怪しいビジネスの入り口にもなり得る。そういったどっちつかずのジレンマと向き合いながらも、改めて驚かされたのは彼らの背中を押す原動力になっている本の力だった。自己啓発書を読んでなさそうな人も意外と藤田さんの愛読者だったりして侮れなかった。なるほど、こういうふうにつながっているのかと感心し、それなら本を作る側に回ってみようと出版社に入った」。起業家として活躍する道を諦め、出版の世界に踏み込んだことを彼は「一度目の挫折」と述べている。

やがてこの挫折体験をベースに、独自の自己啓発書の探求が始まる。

種岡が就職した二〇一二年頃は、すでに出版業界は書籍売り上げの低迷など、全体として生産年齢人口の減少などに伴う衰退局面にあった。業界関係者と接していても暗い話ばかりが耳に入った。そこで思い付いたのが、これまでとは毛色の異なる反成長志向の自己啓発書であった。

「右肩上がりの成長の時代は終わった。もう市場が大きくなっていくことはないし、衰退していく一方だろうと。でも、自己啓発書で心を突き動かされてワクワクする気持ちはすごく共感できたし、追求したかった。そんな中で見つけたのがphaさんだった」

pha（ふぁ）は、かつて「日本一有名なニート」として名をはせたブロガー、作家だ。一九七八年、大阪府大阪市生まれ。京都大学入学後に月四〇〇〇円で住める激安の学生寮・熊野寮に入寮し、そこでの「誘ったり出かけたりしなくても自然に家の中に遊び相手がいる」生活に感化され、働かないでいかに楽しく生きるかを追求する書き手となった。特に三十代まではシェアハウス「ギークハウス」「ギークハウスプロジェクト」の発起人になるなど、不特定多数の人が集まって暮らす場作りを行なっていたことで知られる。

「彼は、自己啓発の要素を持っているが、成長といったものはもう諦めているタイプ。しかし、それをロジカルに考え抜いているところが気に入った。phaさんのようなブロガーは結構いて、ちきりんさんも、どっちかというとそっちの人で、コンサルタントとしてマッキンゼーで働いていたはずなのにリタイアして、『ゆるく、ラクに生きる』をモットーにしたブログが受けていた。そっちの側に居心地のよさを感じた」

そのような低成長時代への適応ともとれる潮流を好意的に受け止める中で作ったのが、「所有しない」「努力しない」などの人生訓を全面に打ち出した『しないことリスト』(pha著、大和書房)だった。二〇一二年発売のphaの最初の本『ニートの歩き方　お金がなくても楽しく暮らすためのインターネット活用法』(技術評論社)は、書店ではサブカルコーナーに置かれていたという。種岡は、「僕の中ではニート本は自己啓発に感じられた」ことから、「これをうまく自己啓発書として扱われるよう」意識して編集したそうだ。

単行本は、二〇一五年に発売され、一万五〇〇〇部ほど売れた。種岡が担当した本で初めて重版がかかったという。二〇一八年に文庫化されると、単行本のときよりも話題になり、一〇万部以上を売り上げた。

コロナ禍で意識高い系が退潮し始めた

この成功体験を踏まえ、種岡は同趣旨の「ゆるいビジネス書」の量産に着手する。

ひろゆきに自己啓発書の執筆を打診したのは二〇一六年のことである。それまでひろゆきには、2ちゃんねる関連の新書や、堀江貴文との対談といった著作しかなかった。だが、過去のインタビューやニコニコ動画における発言などを調べてみると、堀江をはじめとするIT起業家とはかなり異質な存在であることが見えてきた。ほかのIT起業家は、上場や会社を大きくすることが前提だったが、ひろゆきはその種の成功志向がまったくといっていいほどなかった。

「社会人になっていろいろと現実の困難さにぶち当たったときに、やっぱりひろゆきさんの考えのほうがしっくりくるなと思った。月三万円しか使わないみたいな記事があったりして、明らかにphaさんに近い立場だった。それで、これなら『ゆるいビジネス書』路線で作れるなと思って依頼することになった。すると、『僕は書かないですけど、ライターさんが入るなら取材には全然応じますよ』とすぐに返事が来た。意外にも、これまで誰も自己啓発書の依頼をしていなかったことが分かった」

種岡は、仕事観や思考など章立てを考えた上で、ひろゆき本人から話を聞き出し、そのテープ起こしに手を加える形で文章を整えていった。その最初の成果が二〇一七年に出版した『無敵の思考　誰でもトクする人になれるコスパ最強のルール21』(大和書房)である。単行本で五万部を売り上げた。しかし、これが本人曰く「二度目の挫折」となる。

二〇一七年は、ニューズピックスが幻冬舎と協業で運営する書籍レーベル「NewsPicks Book」が自己啓発書をちょうど展開していた時期だった。「意識高い系」向けのラインナップで攻めており、編集長を務める幻冬舎の箕輪厚介は、堀江貴文の『多動力』をヒットさせ、三〇万部ほど売り上げていた。どうしても『無敵の思考』と比べてしまい、「意識低い系」の層に十分アプローチできていない反省だけが残ったという。これがダイヤモンド社に移籍するきっかけのひとつとなる。

そして二〇二〇年。満を持して『1%の努力』を世に送り出す。延べ四七万部を売り上げる大ヒットとなり、二〇二一年年間ベストセラーランキング四位（ビジネス部門、トーハン、日販調べ）に入った。「僕は箕輪さんとは逆方向の自己啓発をやってきた。向こうは成功を目指して突っ走る行動派で、僕はもっと考え方を変えるとか、諦めるとか、楽なポジションを探すといった守りのスタンス。けれど、当時はまだこの辺りの読者層を掘り起こせていないというか、ニーズはあるがうまく訴求するものが提供できていなかった。二〇二〇年にコロナが来て、一転して行動派が動きを封じられた格好になり、意識高い系の自己啓発が退潮し始めた。その代わりに台頭したのがひろゆきさんだったというのが僕なりの感触だった」と述べている。種岡がphaやちきりんなどの脱力系のブロガーを意識しつつ、ひろゆきを見事にパッケージングしたことは、「意識低い系」のオピニオンを必要とする社会的なニーズを見抜いていたからこそでもあった。

種岡は、先の筆者の記事を読んだ際、成長が叫ばれた時代が終わってゆるく生きる考え方が求める層が出現したことや、NewsPicks Bookと正反対の路線を強く意識したことなど、改めて一連のつながりについて納得するところが多かったという。

Z世代に支持された「あなたの価値は生産性で決まらない」

ここまで「引き算型」の自己啓発が流行する時代背景とその特徴をコンパクトに説明するとともに、ひろゆきがその急先鋒に立った必然的な理由について述べた。

ここからは、「引き算型」の自己啓発を求める脱力的なライフスタイルの台頭が世界的なものであることに触れておきたい。また、ひろゆき的な言説の今後に関しても少しばかり展望を示してこの章を閉じることとする。

新型コロナウイルス感染症のパンデミック（世界的な大流行）で、テレワークが急速に普及し、ウェブ会議システムも爆発的に拡大した。この時期に働き方を含めた生き方について立ち止まって考えた人は多いはずだ。アメリカでは、二〇二二年の夏頃から「静かな退職」(Quiet Quitting) という言葉がソーシャルメディアを賑わせるようになった。震源地は、ニューヨーク在住のエンジニアであるザイド・カーンがTikTokに投稿したわずか一七秒の動画だった。「仕事はあなたの人生ではない：あなたの価値は、生産性の高さによって決まるものではない」といったメッセージが添えられたこの動画は、瞬く間に拡散され、Z世代を中心に多くの共感を集めることとなった。

「静かな退職」とは、「必要以上に働かないこと」を意味する。カーンはメディアの取材に対して「会社に必要以上に貢献しても、数年後にはその努力は忘れ去られるだろう。自分の生活や趣味を優先し、大切なものをもっと育てることに意識をシフトしてはどうか」などと応じた。[＊4] コロナ禍以降、残業時間が多くなっているにもかかわらず評価や報酬が得られないことに反発する労働者が増えたことなどが背景要因に挙げられている。

二〇二一年以降、中国で広がった「寝そべり族」「寝そべり主義」は、「静かな退職」よりも急進的だ。競争社会に対する強い反発が根底にあり、家や車を買わず、結婚・出産を断念し、労働時間を最小限にするライフスタイルを奨励している。二〇二一年四月にネット掲示板に投稿された「寝そべりは正義だ」という文章が拡散されたことがきっかけだった。投稿者は、二年間以上働いていないが何の問題もないとし、若者に対する収入や結婚などの社会的圧力は伝統的な考え方であると主張した。[＊5] ここでも仕事のために自分の人生を犠牲にすることを厭《いと》わないハードワークが忌避され、親世代が抱いていた野心から背を向けている。AFPは、「もっとリラックスした生活がしたいだけ。寝そべりは、ただ死ぬのを待つことではありません。仕事はするけど、無理はしないということです」「若者たちは、車やマンションを買い、結婚して子どもを持つという『人生の勝ち組』になれません。だから目標を下げて、欲求を減らすことを選ぶのです」という若者の声を紹介している。*6

実は、お隣の韓国でも、一〇年ほど前から若い世代において「寝そべり族」的な諦めが浸透してきている。恋愛・結婚・出産を放棄する若者を指す「三放世代」という言葉が二〇一一年頃に生まれ、それに就職やマイホームを加えた「五放世代」、さらに人間関係や希望も捨て去る「七放世代」に発展し、最終的にはすべてを諦める「N放世代」が登場した。住宅コストの高さや雇用状況の悪化などが直接的な引き金になっている。

アメリカ、日本、中国、韓国といった国々の若者たちに共通しているのは、過酷な現実に適応するための自己防衛的なライフスタイルの選択という側面である。しかも、これは世代論でくくれないムーブメントであることに注意が必要だ。例えば、日本では壮年・中年の人々の間にも、不安定な経済状況や技術革新による脅威などへの対処として、セミリタイア的な働き方を志向したり、あるいはミニマリズムに傾倒したり、日常生活のささいな事柄に喜びを見いだす幸福論などを取り入れるダウンシフト的な移行がみられるからだ。

ひろゆきブームは始まりに過ぎない

最後に近年の自己啓発書の傾向に言及しつつ、ひろゆきブームに象徴される日本社会の展望に関して触れたい。

筆者が撮影した一枚の写真を見ていただきたい（写真1－2）。

これは二〇二一年一二月三一日に新宿の紀伊國屋書店で筆者が撮影したものだ。『1％の努力』の左側に『エフォートレス思考　努力を最小化して成果を最大化する』（かんき出版、二〇二二）という本がある。シリコンバレーのコンサルティング会社THIS Inc.のCEOグレッグ・マキューンの著作であり、四〇万部を突破した前著『エッセンシャル思考　最少の時間で成果を最大にする』（かんき出版、二〇一四）の第二弾である。

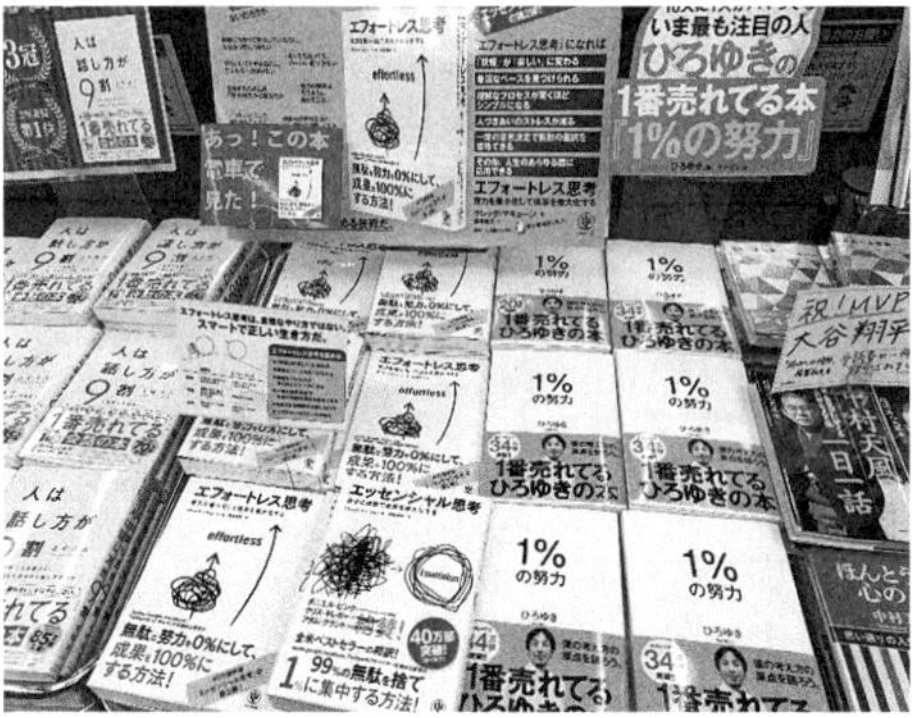

写真1－2

マキューンは、多数の選択肢の中から本質的なものを見分けることこそがエッセンシャル思考の真髄だとし、本当に重要な物事を見極めるために必要なこととして、「じっくりと考える時間」「情報を集める時間」「遊び心」「十分な睡眠」「何を選ぶかという厳密な基準」の五つを挙げている。実はこれは、ひろゆきが自著でしつこいほど訴えているスタンスでもある。そして、努力に対する考えにおいても両者は共通している。マキューンは、『努力した分だけ報われる』というのは、ただの幻想だ」と述べ、「努力と根性でやりとげるのではなく、すんなり実現するようなしくみをつくる」ことを提案。ひろゆきも、「いかにラクして効率的に結果を出すか」(『ひろゆき流　ずるい問題解決の技術』)と述べており、「努力しないで何かを手に入れるための努力」(『無敵の思考』)を称揚する立場である。

ここ数年、マキューンのようなタイプの自己啓発書がやたらと増えている。前述のダウンシフトの時流がその大きな背景にあるが、より根本的な変化は、やはり本章で言及した「社会的な成功から個人的な幸福へ」「大きな成功から小さな幸福へ」という人々の関心の地殻変動だ。

後述するタイムパフォーマンス(タイパ)もこういった価値観の変容と軌を一にしている面がある。わたしたちが考えている以上にこの根本的な変化は、消費の仕方などの表面上のものだけにとどまらず、生活の隅々に行き渡りつつあるようだ。結論を少しばかり先取りすると、ひろゆきブームは、このような必然的ともいえる国内外の趨勢《すうせい》の一端であり、単体で評価することにあまり意味はない。変化の兆しを知らせる様々な社会現象の一つに過ぎない。彼がコロナ禍以降、祭り上げられているのは、世の中が彼を好意的に解釈する時代精神の影響下にあるからである。

このように捉えると、日本社会の展望も見えてくる。恐らく大局的には、仕事よりもプライベートを優先し、身体を壊すような無理な働き方はせず、出世競争とも距離を置く人々がどんどん増えていくことだろう。そして、経験の価値や効率性に関わるコストパフォーマンス（費用対効果）は重視され、大それた夢はもとより、見栄や世間体等々、自分の人生を不幸にしかねない〝常識〟、骨折り損に終わりそうな事柄を、残らず頭の中から取り除こうとし、できるだけシンプルに生きようとするだろう。「引き算志向で、脱力的で、自己防衛的なライフスタイルの拡大と定着」である。

もちろん、これが社会全体にとってどのような状況をもたらすかは別の問題であるし、個々のトレンドや議論に異論を唱える人もいるに違いない。だが、わたしたちが新時代に相応しい生き方を模索している真っ最中で、今のところ、「がんばる」よりも「がんばらない」

路線が相当の支持を集めていることは、今後を占う上で絶対に過小評価してはならない点である。

＊1　平成29年版消費者白書／消費者庁（https://www.caa.go.jp/policies/policy/consumer_research/white_paper/2017/）

＊2　「2022年度 新入社員意識調査」／2022年9月12日／一般社団法人日本能率協会（https://jma-news.com/wp-content/uploads/2022/09/20220912_new_employees_2022.pdf）
77%が「管理職になりたくない」【調査レポート】ポジティブな管理職を育てるために人事が押さえたいポイントとは？／更新日2024年6月25日／株式会社日本能率協会マネジメントセンター（https://www.jmam.co.jp/hrm/column/0095-kanrishokuchousa.html）

＊3　調査シリーズNo.228　暮らしと意識に関するNHK・JILPT共同調査／2023年3月31日／独立行政法人労働政策研究・研修機構（https://www.jil.go.jp/institute/research/2023/228.

html)

「暮らしと意識に関するＮＨＫ・ＪＩＬＰＴ共同調査」では、「よい人生を送るための条件としてもっとも重要なこと」を五択（「真面目に努力すること」「親の収入や学歴が高いこと」「よい教育を受けられること」「人脈やコネに恵まれること」「景気のいい時代に生まれ育つこと」）から選んでもらったところ、「真面目に努力すること」が年齢階級が高くなるほど高く、六十代（五七％）と二十代（三八・九％）の間に一八・一ポイントの差があった。

＊４　WTF is quiet quitting (and why is Gen Z doing it)?／２０２２年８月９日／worklife（https://www.worklife.news/culture/quiet-quitting/)

＊５　貧富懸殊和勞工惡劣待遇下，大陸青年推「躺平即正義」，是逃避現實還是解決問題？／２０２１年５月31日／端传媒（https://theinitium.com/roundtable/20210531-roundtable-zh-lying-down-is-justice)

＊６　「寝そべり主義」中国の若者に広がる諦め感／２０２１年６月24日／AFPBB News（https://www.afpbb.com/articles/-/3352176)

第2章　お部屋から革命を起こす

片づけを通して自分の内面をみつめることで、
「どういうものに囲まれて生きたいのか」自分の価値観を発見し、
キャリアや人間関係など、人生における全ての選択に大きな変革をもたらします。
（「KonMari Method™とは」こんまりこと近藤麻理恵公式ホームページより）

コロナ禍のお片付けブーム

二〇二〇年四月、新型コロナウイルス感染症のパンデミックによって、日本で史上初めて緊急事態宣言が発出され、多くの人々が自粛生活を余儀なくされた。その際、自粛生活によって家で過ごす時間が長くなったため家庭ゴミが急増した。家で食事をとる機会が増え、自炊や出前、テイクアウトなどで大量の生ゴミが生じたから、というだけではない。「おうち時間」をもっと快適なものにしようと、「お片付け」に乗り出す動きが一気に広まったからである。

新聞各紙は、これを「コロナ禍で断捨離ブーム、再燃」という見出しで報じ、外出自粛によって部屋を掃除して、不用品をゴミに出す人々が全国的に増加している実態を伝えた。マーケティング調査会社ヴァリューズが二〇歳以上の男女一万人を対象に実施した調査によれば、「在宅時間が増えて実践したこと」の一位が「部屋や家の掃除・断捨離」だった。家が寝たり食べたりするためだけの場所ではなく、仕事やリフレッシュの場所として重要になるに連れて、住環境を快適にすることに関心が向くのは当然の結果でもあった。

かく言う筆者もご多分に漏れず、このコロナ禍ならぬ「お片付け禍」に巻き込まれ、衣類や寝具、家電製品、果ては家具などを処分することになった。当時住んでいた埼玉県では自治体の粗大ゴミの処理能力を上回る依頼が殺到し、引き取りが三〜四か月先、ひどいときは半年先という恐ろしい状況になっていたことをよく覚えている。

コロナ禍の初期は、「おうち時間」「ステイホーム」など巣ごもりを推奨する言葉が流行り、友人も知人も隣人も、みながみな自宅でお片付けに熱中している気配があった。ゴミステーションは普段の何倍もの量のゴミで溢れ返り、様々なメディアではいかに整理・整頓を行なえば良いかを指南する記事が多数発信された。これまでお片付けに見向きもしていなかった人々が、具体的なノウハウに興味を示すようになっていたのは明らかだった。

そこへオピニオンリーダーとして再び脚光を浴びたのが、お片付け分野の世界的な有名人である「こんまり」こと近藤麻理恵や、「断捨離」メソッドの生みの親であるやましたひでこであった。その名前やメソッドには、耳馴染みのある人も多いだろう。両者は、いわば「お片付けブーム」の立役者である。

近藤は、コロナ禍で在宅時間が増えた状況を踏まえ、より幅広い層にリーチしようと自著の無料公開を行なった。二〇二〇年四月二四日から五月二一日までのおよそ一か月間、『人生がときめく片づけの魔法　改訂版』（河出書房新社）をAmazon Kindleと楽天Koboに無料公開したのである。

さらに、時期を同じくして驚くべきことが起こる。東京都知事の小池百合子がゴールデンウイークの外出自粛を求める「いのちを守る　STAY HOME 週間」キャンペーンを打ち出した際に、近藤がお片付けのポイントを解説した動画を東京都の公式動画としてアップロードしたのだ。緊急事態とはいえ、特定のコンサルタントのブランディングにお上がお墨付きを与えるような衝撃的な出来事であった。

この時期、やましたが開催している断捨離塾の需要も増え、オンライン講座が盛況になったという。翌二〇二一年一月には、『1日5分からの断捨離　モノが減ると、時間が増える』（大和書房）を刊行した。その宣伝文には「いまこそ断捨離しよう」の文字が躍っていた。立役者たちは、お片付けブームの再燃に乗じて、新規顧客を獲得していったのである。

「人生をリデザインさえする自己啓発的書」

第2章では、お片付け、ミニマリズムブームの分析から日本における引き算型の自己啓発の始まりを二〇一〇年辺りと推定した上で、これらが結婚や転職のような「古い自分から新しい自分に生まれ変わる」ライフイベントとして活用されていることや、余計なモノを捨てれば良い出会いや仕事に恵まれるといった「不思議な効用」が強い訴求力になっていることなどについて解説する。そして、このようなライフスタイルの変化がインスタグラマーなどを通じて一般化しつつある状況を素描していく。

加えて、この流れは、ひろゆきブームの起爆剤ともいえる低成長時代への適応などが背景にあり、自分で自分の身を守る生活術と、そのような生活術を正当化するための理論武装の普及・拡大が進んでいる点も併せて論じたいと思う。

さて、まずは「お片付けブーム」の立役者となった両者のメソッドを確認することから始めたい。前述のコロナ禍でおうち時間を活用してお片付けに取り掛かった人々の大半は、直接的にせよ間接的にせよ、近藤ややましたのメソッドの一部を借用していた。しかし、その背景に潜む「思想」には、ほとんど注意を払っていなかった。つまり、両者の著作に繰り返し登場する、

片付けをしたあと、仕事も家庭も、なぜか人生全般がうまくいきはじめる

（こんまり／近藤麻理恵）

モノの片づけを通して自分を知り、心の混沌を整理して人生を快適にする

（やましたひでこ）

といった言葉の真意についてである。

お片付けの背後に「思想」なんてあるのか？　と思われるかもしれない。しかし、二〇一〇年代以降じわじわと世の中に浸透するようになり、コロナ禍で再び大きな注目を集めることとなった「お片付け」や「断捨離」、あるいは「ミニマリズム」といった様々な呼び名で表される手法は、実は「ブーム」以前から連綿と続く「より良い人生を切り拓こうとする思想」としての「自己啓発」の一種なのである。

なかでも、こんまりの著作に関しては、その出発時点から自己啓発書が目指されていた。二〇二〇年、こんまりの世界的ブレイクに注目したForbes JAPANが、その仕掛け人に独占取材を行なった。それにより、『人生がときめく片づけの魔法』（サンマーク出版、二〇一

○）がスピリチュアルな自己啓発書として企画された過程が明らかになっている。ブレイクを支えたのは、出版プロデューサーとして著名な「エリエス・ブック・コンサルティング」代表取締役の土井英司の手腕である。

土井は、まだ起業していなかった無名時代の近藤から一○○万部を売りたいとの要望を伝えられたものの、Amazonの書籍バイヤーとしての経験から、いわゆる実用書としての「片づけ本」は五○万部が限界であることを知っていた。その倍を売り上げるには、本のカテゴリーそれ自体を変えなければならない。そのため、「心そのものを整える、人生をリデザインさえする自己啓発的書」として世に送り出すことにしたのだった。

ミリオンセラーを狙うなら「片づけ」というジャンルを超えて行かねばならない。そこで土井が狙いを定めたのが、「スピリチュアル」というまったく別個の巨大ジャンルだった。刊行の遥か手前の段階で彼の脳裏にデザインされていたのは、「片づけ本を偽装したスピリチュアル本」だったのである。米国の書籍マーケットにおける最大ジャンルの一つのエッセンスを取り入れる――。彼はそんな「逆算」的発想で世界制覇をもくろんだのだ。

では、具体的にはどうやって、片づけ本をスピリチュアル本へと変容させたのか。実はここには、土井が、野口嘉則の『鏡の法則』というコーチング関連書のコンサルティングをした時との共通点がある。

当時、土井が野口に伝えたのは、「コーチングの本を書くなら、コーチングのスキルではなく、その裏側にある人生ドラマを書かなければならない」ということだった。

人は何かに悩んでいるから、コーチングを求める。しかも人は、悩みの裏側にある「ドラマ」の方に興味を持つ、ということを土井は知っていた。だから近藤に対しても、「片づけるとき、人はただ物を捨てているのではないはず」と話した。おそらく「思い出」や「しがらみ」も同時に捨てているはずだし、そういうところにこそ人は心を動かされるはずだ、と。

かくして『人生がときめく片づけの魔法』は、「整理整頓の実用書」のカテゴリーをはるかに越えて、心そのものを整える、人生をリデザインさえする自己啓発的書として世に問われたのである。[*1]

ここで重要なのは、人はモノを捨てるとき「『思い出』や『しがらみ』も同時に捨てているはずだし、そういうところにこそ人は心を動かされる」というものの見方である。成長や成功といった次なるステップに移行する物語には、必ずと言っていいほどブレイクスルーにつながる出来事がある。あるモノを捨てるという行為自体が、過去の自分を清算しつつあることの表れであるからだ。その一連のプロセスが「ドラマ」として人々の心を掴むのだ。それこそが「お片付けによって人生が変わるかもしれない」というリアリティを生み出すのである。こんまりの著作が一〇〇万部どころか、いまや全世界で一〇〇〇万部以上の売り上げを誇ることを踏まえれば、土井が目論んだスピリチュアル×自己啓発という戦略は見事に功を奏したといえる。

ここで登場する「スピリチュアル」の語は、もともと「精神的な」「霊的な」という意味の形容詞であるが、近年は「神秘的なもの」「見えない世界（運気や霊的な力など）」を指すものとして半ば名詞化している（占いなどを連想すると分かりやすいだろう）。物質的な印象を与える整理・整頓のノウハウを前面に出すのではなく、精神面での「心のリセット」という要素を強調したことで、お片付けに紐づいた自己変革の物語として幅広い読者層に受容されていったのである。

なぜ部屋を片付けると人生が変わるのか

　ここで本題に戻るが、なぜお片付けが自己啓発になるのか。ここで筆者による自己啓発の定義を振り返っておくと「自分の能力や人格などを高めることによって、より良い人生を切り拓こうとする思想」であった。確かにお片付けは能動的な営みではあるが、そこに「より良い人生を切り拓こうとする思想」までもが含まれていると言われても、なかなか納得できないはずだ。

　まず、片付けコンサルタントの「こんまり」こと近藤麻理恵が提唱する「こんまり®メソッド」について簡単におさらいしておこう。こんまりのお片付けは、過去にＮＨＫスペシャルや『中居正広の金曜日のスマイルたちへ』など地上波を中心に取り上げられ、前述のようにコロナ禍で再評価されたことも手伝って、世間に広く知れ渡るようになった。けれども、テレビは時間的な制約もあり、きちんと順序立てて詳しく説明していたわけではない。「こんまり」の名こそ聞いたことはあっても、そのメソッドの具体的な手順までは知らない人も少なくないだろう。

　こんまりメソッドは、五つのステップから構成されている。

①「理想の暮らし」を考える
②「モノ別」に片づける
③触った瞬間に「ときめき」を感じるかどうかで判断する
④正しい順番で片づける
⑤家にある「あらゆるモノの定位置」を決める

一見すると、何の変哲もない整理・整頓の手順が列挙されているように思える。
①は、モノを捨てる前に「一度じっくり、片づけの目的を考えること」を求めるものだ。「自分が『片づいた部屋で生活している様子』がありありとイメージできるくらい、具体的に考えるのがポイント」としている。
②は、自分が持っているモノの量を把握するため、収納からモノを全部出して確認して、場所別ではなく、カテゴリー別・モノ別に片付けるという。
③は、取捨選別の際、「モノを一つひとつ手にとって、触れてみること」を推奨するもの。「体の反応を感じて、ときめくモノは残し、ときめかないモノは手放す」ことで、持ってい

て幸せになる、心がときめくモノだけに囲まれた生活が手に入るとしている。
④は、片付けのプロセスに関するもので、衣類↓本類↓書類↓小物類↓思い出品の順番で進めることを推奨する。この順番で片づけると、「ときめき感度」が少しずつ磨かれ、スムーズに片付けが進むという。
⑤は、すべてのモノの定位置を決めるもの。「一つでも住所不定のモノがあると、散らかる可能性が一気に高く」なるからだとしている。
これだけ読んでも、なぜお片付けが自己啓発になるのかあまりピンと来ないかもしれないが、それも無理はない。じつは、こんまりメソッドの冒頭にある三行の説明文をわざと省いたからだ。説明文にはこうある。

片づけを通して自分の内面をみつめることで、
「どういうものに囲まれて生きたいのか」自分の価値観を発見し、
キャリアや人間関係など、人生における全ての選択に大きな変革をもたらします。

出版プロデューサーの土井が目指した「心そのものを整える、人生をリデザインさえする自己啓発的書」のエッセンスが、端的に表れた部分といえるだろう。とりわけ最後の一行が重要である。「ときめくかどうか」という判断基準に従ってモノを選別する効率的なお片付け方法の根本には、片付けを通して自分の心の声に耳を傾け、自分が大切にしたいものや物事の優先順位などに気付くことによって、仕事もプライベートも実り多きものに変えられるという考え方があることを鮮明にしているからだ。自己啓発の定義に見事に合致する。

お片付けすることは、自己分析すること

近藤が著書で取り上げているエピソードをみてみよう。

近藤は、「片づけをしたら、自分のやりたいことが見つかりました」というクライアントの声が「絶えない」と言う。その一例として、学生時代から仲良くしているというAさん（大手IT企業勤務）がお片付けレッスンで得た「気付き」の話を紹介する。

片づけを終えた彼女が気づいたのは、ときめくモノだけ残した本棚には、社会福祉関係の本ばかりがズラリと並んでいたという事実。社会人になってから買った英語の教材

や秘書検定などの資格の本はすっかりなくなったのに、中学生の頃に買った福祉の本は残っていたのです。

　そのことがきっかけで彼女は、中学生の頃から社会人になるまでベビーシッターのボランティアを続けていたことをあらためて思い出したといいます。「子どもを産んだ女性でも、安心して働ける社会をつくりたい」。自分に秘められたそんな情熱に気付いた彼女は、レッスンを卒業してから一年間、独立のための勉強など準備を続け、ついに会社を辞めてベビーシッター事業の会社を設立。今ではたくさんのお客様に頼りにされ、手探りながらも毎日仕事を楽しんでいます。（『人生がときめく片づけの魔法　改訂版』河出書房新社、二〇一九）

「ときめくモノ」＝「好きなモノ」だけを残す手法によって、自分が本当に興味を持てること、やりたいことが明確になるという。

　これは自分がどのような人間なのかを見つめ直す「自己分析」そのものである。企業の自己啓発支援や就職活動の現場では、カウンセリングや心理テストなどを通じて行なわれているもので、すでに経験済みの人も多いだろう。昨今は、転職や起業といったキャリア形成においても活用が謳われている。こんまりメソッドの実践は、お部屋のお片付けを通じた自己分析の試みでもあるのだ。

近藤も、「実際、レッスン卒業後は独立したり転職したり、今までの仕事にもっと真剣に取り組むようになったり、何かしら仕事について意識が変わったという方がほとんど」だと述べ、お片付けは自己分析のツールとして最も効率的と結論付けている。その部分をみてみよう。

> 自分という人間を知るには、机に向かって自己分析したり、人に話を聞いたりするのももちろんよいけれど、片づけするのが一番近道だと私は思います。持ちモノは自分の選択の歴史を正確に語ってくれるもの。片づけは、本当に好きなモノを見つける自分の棚卸しでもあるのです。(同右)

自己分析の手法の中でも「一番近道」とまで言い切っている点は、自己啓発としての優位性を極めて自覚的に表現した箇所と読むことができるだろう。部屋の整頓が心の整理にもなる。むしろその主眼が後者に置かれる点で、こんまりメソッドは自己啓発に他ならないのである。

「本当の自分を知ることができ、好きになれる」

近藤の「お片付け」ブームと前後した「断捨離」ブームの生みの親、クラターコンサルタントのやましたひでこも、二〇〇九年末に刊行したその著書で、断捨離を「モノの片づけを通して自分を知り、心の混沌を整理して人生を快適にする行動技術」と言っている（『新・片づけ術　断捨離』マガジンハウス）。ちなみに「クラター」とは、ガラクタを指す英単語clatter のことだ。

そんな「ガラクタ」コンサルタントのやましたによれば、断捨離の定義とは「断」（＝入ってくる要らないモノを断つこと）と、「捨」（＝家にはびこるガラクタを捨てること）のサイクルによって、「離」と呼ばれる状態に至るまでのメカニズムのことである。これによって、モノへの執着から離れたゆとりある〝自在〟の空間にいる私へとたどり着けるというのがやましたの主張だ（図２‐１）。

「実用的な整頓術」以上のものを目指した近藤と同様に、やましたも断捨離が単なる掃除や

図2－1●断捨離のメカニズム

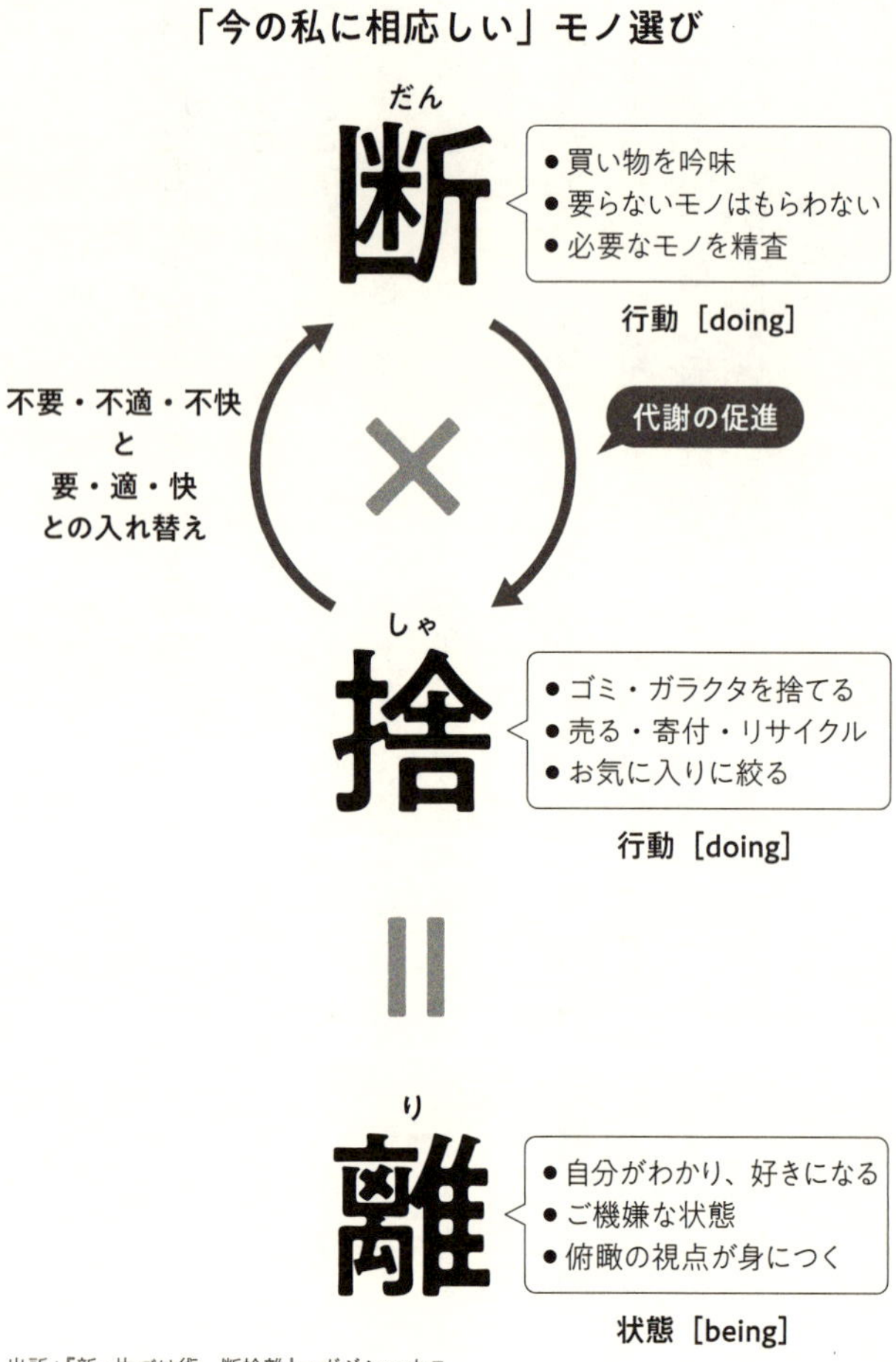

出所：『新・片づけ術　断捨離』マガジンハウス

片付けとは異なる点を強調する。「『もったいない』『使えるか』『使えないか』などのモノを軸とした考え方ではなく、『このモノは自分にふさわしいか』という問いかけ、つまり主役は『モノ』ではなく『自分』。『モノと自分との関係性』を軸にモノを取捨選択していく技術」であると。それによって「『本当の自分を知ることができ、好きになれる』感覚が得られるのが最大のメリット」と主張するのだ。ここでもお片付けは、自分の内面や心を知るための行為なのである。

その内省の結果として自己の能力や精神を次なるステップへと飛躍させることが、断捨離メソッドでは意図されている。それをやましたは「行動変容」と呼び、時に人生を大きく転換させると述べている。

これまで15年近く「断捨離」をテーマにセミナーを続けていますが、今までどれだけの受講生さんの人生の加速度的な変化を目の当たりにしてきたことでしょう。することは、ただ、ひたすらモノを手放していくだけなのですが、断捨離は不思議と、〝行動変容〟をもたらします。時として、人生をも大きく転換させます。転職、離職、転居、引越し、結婚、離婚、再婚…それはまるで、知らず知らずに封じ込めていた内在する力を、蓋を取り除いて外に出してあげるような。それぞれがもともとに持っている人生のスタンスに立ち返るきっかけづくりをしているような。

ここで示される「行動変容（behavior change）」という考え方は、学習心理学と呼ばれる領域でお馴染みの用語だ。「パブロフの犬」で知られる古典的条件付けや、報酬と罰を使い分けて自発的な行動を変化させるオペラント条件付けが有名だが、それと似たようなことが「断捨離」によって起こるというのである。「人生における全ての選択に大きな変革をもたらします」と謳ったこんまりが思い起こされる。

モノとのコミュニケーションによる自律性の回復

断捨離の主役が「モノ」ではなく「自分」であるとするやましたは、やはり近藤と同様にお片付けによる自己分析の効果に言及している。

具体的には、「モノと自分との関係は生きているかどうか」を問いかけながらひたすら絞り込んでいく作業が、自己探求のツールとしての役目を果たすと主張している。その理由としてやましたは、様々なモノを通じて「今の自分に必要なものか、相応しいものか」と判断するトレーニングを続けるうちに、「セルフイメージが診断できる」ようになるからではないかと推測するのだ。近藤が例に挙げたAさんとほぼ同じである。

やましたひでこ公式サイトには、断捨離の実践者のこのような声が掲載されている。

・捨てられないと思っていたものが捨てれるようになった
・片付けられない原因がわかった
・仕事や他人との関係性も見直すことができた
・自分軸をもっと大切にする生き方ができるようになった
・ストレスが減って気持ちが楽になった

こうした声の主たちが実感しているのは、「モノとのコミュニケーションによる自律性の回復」といえるだろう。日用品から仕事道具、思い出の品に至るまで、モノにはその人の好みや過去の記憶が紐づいている。それらと時間をかけてじっくり対話する術《すべ》を提供することによって、自分の仕事や生活について立ち止まって見直さざるを得ない機会を作り出すので

図2−2●こんまりと
やましたひでこに
共通のロジック

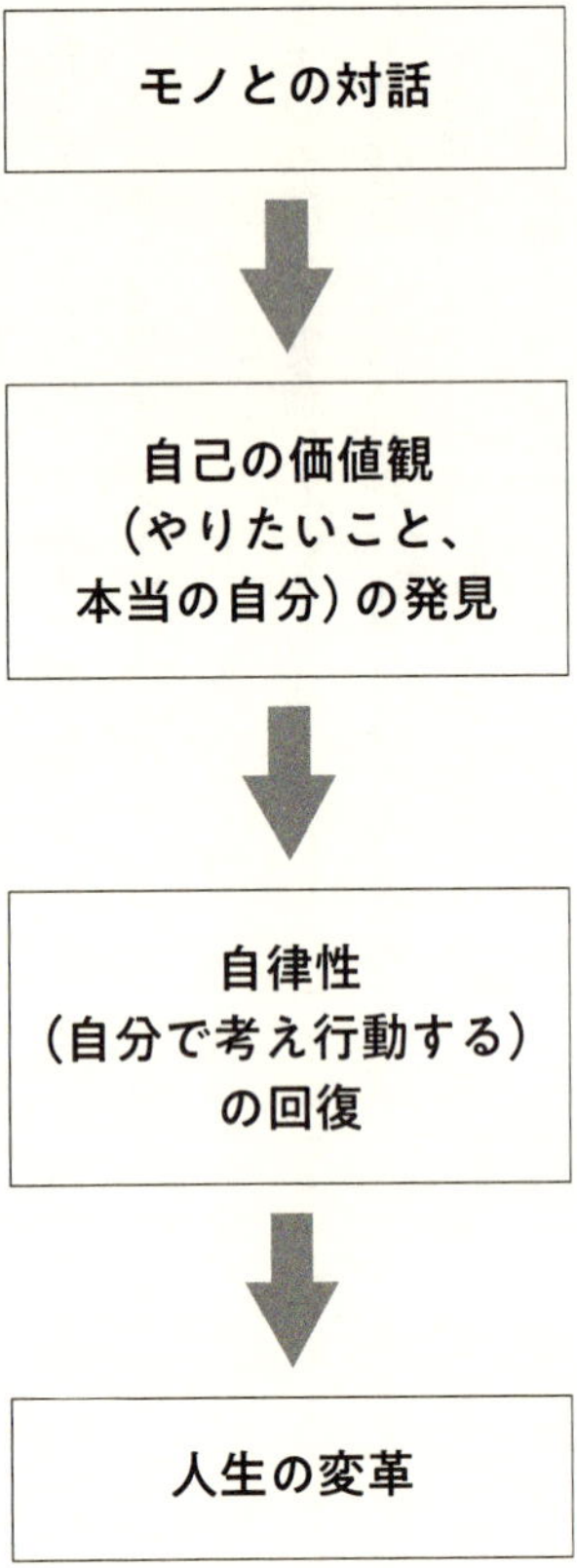

出所：筆者作成

ある。

近藤とやましたに共通しているのは、膨大な数のモノを選別する作業が、「体のセンサー」や「決断力」を磨く訓練になるというロジックで、この訓練が、自分で物事を考え、自分で自分のことを管理する自律性の感覚を呼び覚ますという点だ。最終的には、「こうありたい」と思っていた理想の暮らしや生き方につながるカラクリになっている。これを簡略化すると、図2-2のようになるだろう。

やましたは「モノとの関係をより良くしていったら、すべてが変わっていく」と言い、近藤も「家の中を劇的に片づけると、その人の考えや生き方、そして人生までが劇的に変わってしまう」と言う。これは、モノとのコミュニケーションによる「自己対話」を経ることで、人生を変革するだけの自律性を回復できるという確信があるからである。

物質的には沢山のモノを抱え、精神的には消極的になっている現状を改善することによって、何よりも「自分で自分の人生をコントロールできる感覚」を取り戻せることは大きなセールスポイントといえる。「モノの執着から離れ、軽やかで自在な状態」とやましたが呼び、「自分の判断に自信が持てるようになる」と近藤が評した境地は、コロナ禍の不安な毎日で否応なしに自分と向き合う機会が増えた多くの人々に、かつてなく魅力的に映ったことだろう。

そもそもモノと真剣に向き合うことによって、自分の生き方を意識するよう仕向けることができるのには、それなりの理由がある。

わたしたちは、消費やモノを通じて欲望を充足するとともに、自分とはこういう者だという自己表現をしているからだ。そのため、思い切って持ち物を減らす試みは、金銭感覚からブランド物などへのこだわりといったステータス志向の度合い、モノに付随する感情や思い出に対する執着の有無、衝動買いなどで満たそうとしている心の空虚等々、普段は意識しない自分の価値観や心理状態を浮き彫りにするところがある。

この両者のメソッドが雄弁に物語っているのは、ミニマリズムや断捨離がいわば「お部屋からの革命」だということである。

ただのお片付けで終わるものではなく、行動力、コミュニケーション能力を鍛えて、自己を変革するためのツールであるからこそ、人々の心に大いに訴求するのだ。

仮にこれらの理論がすべて正しいとすれば、やましたや近藤の手法は、コストパフォーマンスの良い即効薬に思えてくるのも無理はない。なぜなら、部屋の中を適切な方法に従って整理・整頓するだけで、自分の人生を変えることが可能になるからである。テレビショッピングの健康食品やサプリメントの紹介ではないが、たった一つの習慣を変えるだけで病気にならなくなると期待できるような、お手軽な幻想を抱かせる説得力を持っているのである。

現代の「通過儀礼」としてのこんまりメソッド

筆者は、こんまりメソッドに取り組んだ人々の声を、ソーシャルメディアやブログだけでなく、本人たちから直接聞く機会にも恵まれた。その際、お片付けが自分を変えるきっかけになった、と断言する割合が高かったことが印象に残っている。
その一方で、もともと自分を変えたいとくすぶっていたところにこんまりメソッドとの出会いがあり、それをある種の「通過儀礼」として活用したように捉えられる例が多かったのも事実であった。つまり、はじめから何らかのきっかけを求めていた、というタイプの人たちも少なくなかったのだ。
何人かの声を聞いてみよう。こんまりの公式弟子の一人である片づけコンサルタントの武田望《だのぞみ》は、こんまりメソッドを実践する前の状況について「当時の私は仕事もプライベートもかなりモヤモヤした状況で、実際に混沌とした部屋に住んでいたので、自分も片づけで変われるんじゃないかと思って」と振り返っている。[*2]
また、こんまりⓇ流片づけコンサルタントの船曳孝子《ふなびきたかこ》は、「仕事もプライベートも行き詰まり、自己否定や人間不信に陥り、そんな状況が嫌で抜け出すために試行錯誤を繰り返し、人生の迷子になっていた時期でした。『これまでの自分にカタをつける』と決意してやってみると、否定していた自分を許すことができ、こんな自分もOKと認めることができて、自信が持てるようになりました」などと述べている。[*3]
両者の場合、本人に「変わりたい動機」がすでにあり、その気分を促進させ強固にしていく行為として、お片付けや断捨離が要請されているように見受けられる。

筆者は先に、こうした人たちがこんまりメソッドと出会うことを、「ある種の『通過儀礼』」という言葉で形容した。この「通過儀礼（イニシエーション）」は、もとを辿ると文化人類学の領域で術語化された概念であり、結婚や成人など人生の重要な節目において、身分の変化と新しい役割の獲得をもたらす一連の儀礼を指す。キリスト教徒になるための洗礼や、かつての成人式にあたる元服などがその典型だろう。

通過儀礼は通常、「分離」「過渡」「統合」の三つのプロセスを順に経るとされる。初めの「分離」は、これまでの状態から離れることを意味する。お片付けで考えてみると、これがモノの選別に当たるだろう。

次の「過渡」は、従来の状態からは離れたけれども、まだ新たな状態にもなっていない「どっちつかずの状態」を指す。これが、取捨選択のサイクルを通じて自己分析、自己探求にもがいている段階になる。この過渡期に学習や修行に努めることが多いといわれている。

最後の「統合」は、新たな状態となって社会に戻ってくることを意味し、多くの場合は祝祭という形でもてなされる（身近なライフイベントが、ある種の「お祭り」を伴うことを想像してほしい）。ここまでに見てきたメソッドでは、自律性が回復され、人生が変革される

図2－3●通過儀礼のメカニズム

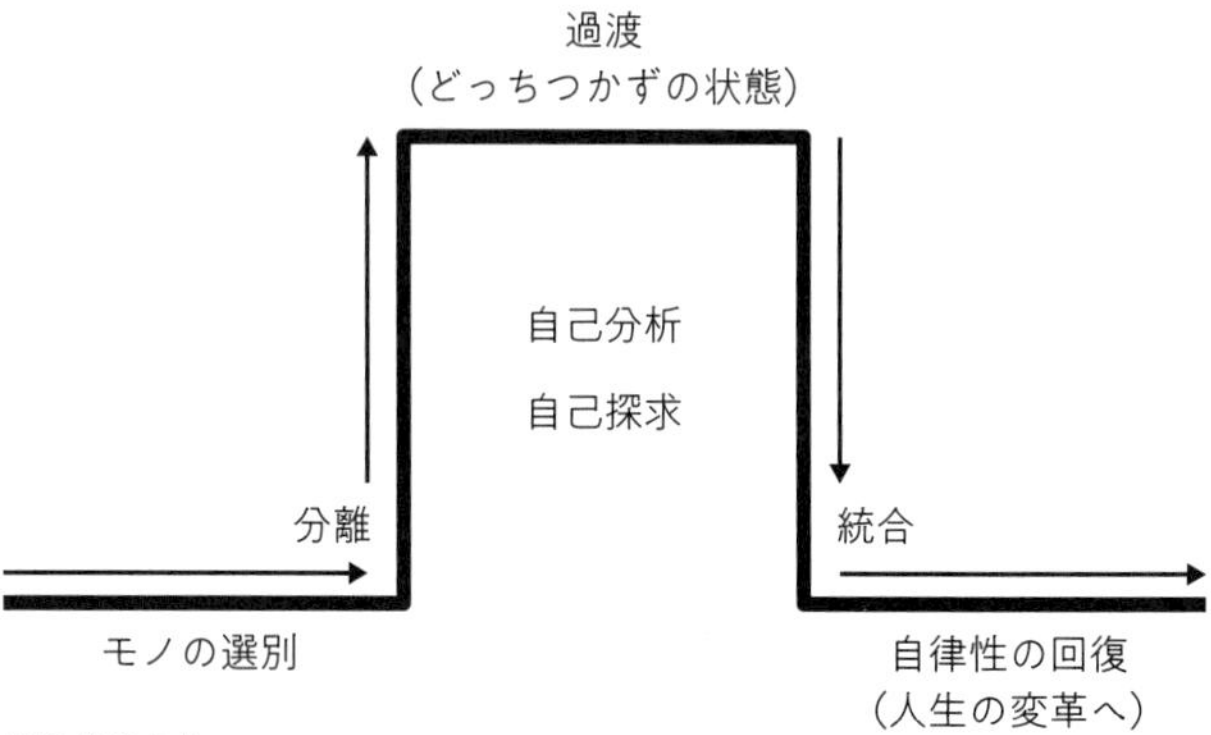

出所：筆者作成

段階が統合に相当する（図2－3）。

　このような通過儀礼のメカニズムを踏まえると、近藤が「片づけは祭りであって、毎日するものではない」と言い、一生に一度の「祭り（として）の片づけ」を勧めていることは非常に重要である。

　なぜなら、おそらく現代人にとって、人生の転機となるライフイベントは相対的に少なくなっているからだ。かつて大昔の村落共同体で行なわれていたような出産、七五三、元服（成人式）、結婚、厄年、年祝い（長寿祝い）などに関わる行事は、ほとんどが実質的に共同体と関係ないものになっており、いくつかが形式的に残っているに過ぎない。本来は、古い自分が象徴的に死んで新しい自分に再生する機能があったが、共同体のメンバーと一緒に危機を乗り越えるという行事の重要性は次第に意識されなくなっていった。[*4]

しかも、先に触れた元服などが分かりやすいが、若者組のような一定の年齢以上の者を「一人前」にしてくれる組織など、新たな段階へと半ば強制的に移行させる仕組みに支えられていた。現在では、核家族化の進展、生涯未婚率の上昇なども手伝って、良くも悪くも「これまでの自分が変わる」機会は、就職や転職ぐらいになっている（とはいえ、会社が共同体としての性格をあまり持っていない場合は、就職や転職ですらも通過儀礼とは実感されづらくなる）。

そのため、こんまりメソッドや断捨離は、「通過儀礼なき時代の通過儀礼」として、自分自身を再創造する機会を提供するマニュアルになっている可能性がある。もっといえば、通過儀礼を自力でセッティングしなければ、新たなアイデンティティを獲得できなくなっている現状を暗に告げているといえるかもしれない。これは、かつて広く支持されたような、お掃除やお片付けに励むことで心が磨かれる、という考え方とは似て非なるものである。

掃除で「心の荒み」と「社会の荒み」をなくす

筆者を含む多くの人が、「掃除は心を磨く」といったスローガンをどこかで聞いたことがあると思う。一生懸命に掃除を行なうことで、心が整う、心が清められるとする考えは、それこそ仏教の禅宗などの修行にまでさかのぼれるものだ。現在も、新興宗教やその関連団体、多くの企業や学校で取り入れられている。

これは、民衆思想史を専門とする歴史学者の安丸良夫《やすまるよしお》が「通俗道徳」と呼んでいるものの一種である（『日本の近代化と民衆思想』平凡社ライブラリー、一九九九）。「通俗道徳」とは、勤勉、倹約、孝行、忍従などを実践する人間像を優れたものとして模範にする民衆思想のことで、江戸末期から明治初頭にかけて興隆し、日本の社会秩序を安定させる倫理的な指針を提供したとされている。こうした生活規範は、現代に至るまでゆるやかな影響力を持ち続けている。

例えば、カー用品チェーン「イエローハット」創業者の鍵山秀三郎《かぎやまひでさぶろう》のトイレ掃除は好個の例といえる。鍵山はトイレ掃除の効果として、「心が磨かれる」「謙虚になる」「気づく人になる」など五つを挙げており、鍵山が設立した「日本を美しくする会」は「『心磨き』の会」

を自称している。会の基本理念には、「掃除を通して、自分たちの『心の荒み』と『社会の荒み』をなくす」と書いているほどである。[*5]

勤勉や孝行を旨とする道徳規範だけあって、規律の遵守が求められる企業風土との相性は良い。大手自動車メーカーなどで行なわれている「5S」は、これを徹底的に合理化したものといえる。

馴染みのある人も多いかもしれないが、「5S」とは「整理」「整頓」「清潔」「清掃」「躾《しつけ》」の頭文字を取ったもので、モノを探す無駄が省け、不要なモノや非効率な作業手順がみつかり、作業の動線が最適化され、生産性の向上やリードタイム短縮につながるとされる。従業員に業務改善の意識が根付くだけでなく、一体感の醸成などにより士気も維持されるという。かつて「掃除は心を磨く」と言われる際に念頭にあったのは、共同体のメンバーであることが意識されるこうした道徳的な民衆思想であった。

ところが、二〇一〇年代前後から急速に台頭してきたお片付け、断捨離ブームを支える思想は、従来のお掃除系の「通俗道徳」とは一線を画しており、自分が所属する集団や社会全般に対する奉仕の要素はまったくない。そこでフォーカスされているのは公共空間ではなく私的空間であり、あくまで集団ではなく個人が主人公だからである。前述したように、自分の身の回りのことを自分でコントロールできるよう訓練に励むこと、それによって理想の仕事や生活を実現するための成功法としての側面が強いのだ。

自己啓発の体系的な研究で知られる社会学者の牧野智和は、掃除を修行・修養の一環として捉える文化的底流はあったものの、掃除の心理的効用に対する積極的な言及や、自己啓発的効用が意識されることは長らくなかったとしており、この変節を「自己啓発的転回」と名付けているほどである（『日常に侵入する自己啓発　生き方・手帳術・片づけ』勁草書房、二〇一五）。

このような、伝統的な民衆思想からの跳躍ともいえる大転換は、近藤ややましたなどのカリスマ的な人物の登場だけでは説明がつかない。ここには明らかに、現代特有の時代状況が少なからず影響していると考えるのが妥当だろう。つまり、整理・整頓ブームの背景にある思想のそのまた背景には、より大きな時代の流れからの影響があるのだ。

終わらない低成長時代の「嫌消費スタイル」――ブームの背景（一）

お片付け、断捨離ブームの出現には、少なくとも二つの背景が考えられる。そしてそのどちらもが、とりわけ二〇一〇年前後から顕著になった潮流である。

一つ目が、低成長時代への適応だ。

二〇〇八年、世界的な金融危機が勃発した。俗にいう「リーマン・ショック」である。同年九月にアメリカの投資銀行「リーマン・ブラザーズ」が経営破綻したことが直接の原因とされているが、すでに二〇〇七年時点で、アメリカの住宅バブルの崩壊をきっかけに、サブプライム住宅ローン危機など多分野にわたる資産価格の暴落が起こっていた。これが世界的な経済の冷え込みと消費の落ち込みへとつながり、結果的に日本も大幅な景気後退に突き進むことになった。低成長時代の幕開けを告げる、象徴的な出来事であった。

とはいえ経済の低迷それ自体は、リーマン・ショック以前からもすでに継続していた。これは経済指標の推移を見れば一目瞭然だ。実質賃金は、一九九六年の四三五・五万円をピークに下降し続け、二〇二〇年は六二万円減の三七三・七万円という有様だった。消費支出についても、一九九七年をピークに減少に転じ、二〇〇〇年代に入っても横ばいからゆるやかな減少傾向が続いている。未曽有《みぞう》の金融危機が生じたのは、そんな状況においてであった。本格的な不況の到来を人びとに印象付け、不安を煽る形で成長神話の再考を促したのは想像に難くない。

　リーマン・ショックからおよそ十年後、二〇一七年にまとめられた第一生命経済研究所のリポートは、リーマン・ショック、東日本大震災（二〇一一年）を挟んで長期的な不況があり、二〇一二年一二月からは「アベノミクス景気」とも呼ぶべき好景気が続いているにもかかわらず、「将来に対する不安」などから若者の消費性向は低い状況にあるとした。

　同所首席研究員の宮木由貴子《みやきゆきこ》は、「全年代を通じて『今後は必要最小限のモノだけですっきりと暮らしたい』との意識が非常に高かった」とし、さらに「所得が増えれば購買行動が発生するという構造は描きにくくなっている側面があると考えられる」と分析している。このリポートからも、遅くとも二〇一〇年代後半には、ある種の「ミニマリズム」が支持されていたことは明白だろう。

　戦略およびマーケティングコンサルタントの松田久一《まつだひさかず》は、『「嫌消費」世代の研究　経済を揺るがす「欲しがらない」若者たち』（東洋経済新報社、二〇〇九）で、「バブル後世代の消費離れ」について、生涯年収の不確実性、相対的に劣等感が強いこと、将来に対する不安などを理由に挙げ、それを「嫌消費スタイル」と評した。

　右肩上がりの時代は、苦労してでも欲しいモノを手に入れることが肯定的に語られ、「分厚い中間層」による旺盛な消費がそのような快楽主義的な時代精神を支えてくれていた。ところが右肩下がりの時代になると、分厚かったはずの中間層は跡形もなく消え失せてしまった。欲しいモノを追い求めてがむしゃらに働くことが敬遠されがちになり、足るを知って分相応の生活を充実させることにこそ本当の豊かさがあるといった価値基準が優勢になったのである。

このような、急激なパラダイムシフトとも呼ぶべき変化は、とりわけ消費スタイルにはっきりと示されるようになった。マイホームやマイカー、見栄えの良い調度品を所有する昭和的なモデルは、とりわけ若い世代には不人気になった。そもそも手が届きづらいものに執着しても、かえってリスクになりかねないからでもある。

社会経済状況が芳しくなくなり、その反響が正規雇用の減少や収入の低下として表れ、不安定な業績と先行きの不透明感が人々の消費意欲を委縮させた。そして物質的な充足が望みづらくなった分、精神的な充足に関心を向けるようになったのである。

モノ消費よりもコト消費――ブームの背景（二）

二つ目は、モノより体験を重視する志向である。

マーケティングの業界では、ミレニアル世代やZ世代の特徴として、ブランド品などの購入・所有に関心がある「モノ消費」よりも、旅行やグルメ、レジャーなどに関心がある「コト消費」が優勢だという。コト消費とは、「魅力的なサービスや空間設計などによりデザインされた『時間』を顧客が消費すること」（経済産業省「コト消費空間づくり研究会」報告書）をいい、「体験消費」とも呼ばれる。重要なのは、喉から手が出るほど欲しいモノを獲得することではなく、ある体験によってどのような経験や感情がもたらされるかだ。映画や音楽がサブスクに移行するなど、デジタル化によるコンテンツの無形化の波もそれを後押しした。とりわけ若い世代がモノや場所などを共有するシェアリングエコノミーに好意的であるのも、このことと無縁ではないだろう。

同様の傾向は欧米の若者世代でも広がっており、次世代の地球環境に配慮する消費行動である「エシカル消費」（倫理的消費）と一体になっている面がある。昨今のSDGs（持続可能な開発目標）の動きとも妙に相性がいい。

こんまりメソッドの世界的なブームも、このような経緯を抜きには考えづらいところがある。公私ともにパートナーとして、こんまりのマネジメントとこんまりメソッドの世界展開をプロデュースしている川原卓巳《かわはらたくみ》は、一九〇か国にまで拡大したこんまり需要を踏まえて、モノによって幸福度が上がるという産業革命以降の考え方が転換期を迎えている感触を持ったと述べた。[*6]

対抗文化《カウンターカルチャー》としてのエリート・ミニマリズム

お片付け、断捨離と並んで語られるミニマリズムは、まさにこの二つの背景に自覚的な人々によって生み出された。

日本ではあまり認知されていないが、もともとミニマリズムは、アメリカの一部のエリート層の小さな反逆として始まった。親世代に特有の物質主義、つまりステータスシンボルとされる高級住宅、高級車、高級家具などを追い求める生き方に疑問を抱いた末に創出された、「反消費・反物質主義」の新しいカウンターカルチャー（対抗文化）なのである。

簡単にいえば、モノに支配される生活から抜け出し、本当に大切なことにだけに集中することで、自分の幸せを追求しようとする思想だ。

例えば、有名なミニマリストユニットである「The Minimalists」のジョシュア・フィールズ・ミルバーンは、かつては数十万ドルの収入があるエリートビジネスパーソンだった。大きな家と高級車、多数のブランド品に囲まれ、望むものは何でも手に入ったが、精神的には貧しく不幸だったと振り返っている。

当時の僕らは、どちらも年収数十万ドルの高給取りで、高級車を乗り回し、大きな家を持ち、遊び道具にも事欠かず、豊富な品々に囲まれて暮らしていました。そんな風に欲しいものは何でも持っていたくせに、自分の人生に満足できませんでした。ハッピーでもなければ、充たされてもいないと感じていたのです。週に70～80時間働いて、たくさんの物品を買い漁っても、この空しさは埋めることはできないことに僕らは気づきました。そこで、「ミニマリズム」という考え方をもとに、本当に大切なことだけにフォーカスすることで、コントロールを失っていた自分たちの人生をもう一度自分のもとに引き戻すことにしました。（ジョシュア・フィールズ・ミルバーン／ライアン・ニコデマス『minimalism　30歳からはじめるミニマル・ライフ』フィルムアート社、二〇一四）

モノの消費によって満足を得ること、つまり物欲を満たすことによる幸福の実現は、より多くのお金を稼がねばならず、過重な働き方を強《し》いることになる。そのため、次々と負債やストレスが積み重なって、何も良いことはないという実感がミニマリズムの根底にはあった。そこから、消費と所有に支配された状況から脱却して「人生の主導権」を取り戻すという発想が生まれる。ミルバーンはミニマリズムのことを「有意義な人生を送るため、不必要で過剰な事物をそぎ落とすためのツール」（同右）とコンパクトに説明している。これは、人生のコントロール感の回復を目指すお片付けや断捨離と通底するものである。

ただし、ミニマリズムの出発点はあくまでもメインカルチャーへの対抗である。ミルバーンが前掲書で、反文明的な思想を持つ主人公が巻き起こす騒乱を描いたチャック・パラニュークのカルト小説『ファイト・クラブ』（早川書房、一九九九）とその映画版からいくつかの引用をしているように、ミニマリズムは消費と所有を重んじる現代社会の潮流に対する異議申し立てがセットになっているのだ。

本来的な意味でのミニマリストを突き動かしていたのは、人々の購買意欲をかき立てる広告への違和感であり、それらに巨額の資金を投入する大企業に対する反感である（このような事情は、ミニマリストたちの人生や専門家のコメントなどで構成したドキュメンタリー映画『ミニマリズム　本当に大切なもの』〈原題＝Minimalism: A Documentary About the

Important Things／監督＝マット・ダベラ、二〇一五年〉を観れば手に取るようにわかるだろう)。

　要は、テレビやインターネットに氾濫する商品やサービスに関するＣＭが、知らず知らずのうちにわたしたちの意識に刷り込まれ、不必要な消費に乗り出すよう促していると考えているのだ。日々大量の情報を浴び続けているだけで、買いたくもない商品を買い、流行に乗り遅れまいと行列に並び、新しいライフスタイルへと舵を切るためのアイテムを揃えるべく躍起になるよう仕向けられている、と。

　ミニマリストたちの主張からも読み取れるように、元来ミニマリズムは物質主義に支えられた消費社会への対抗文化であり、低成長時代への適応と体験の重視、持続可能性の志向に支えられた、強固な核を持つ思想なのである。

生活防衛としての日本型ミニマリズム

　このような来歴とバックボーンを持つミニマリズムが、二〇一〇年頃にシンプルライフの提唱者として知られるドミニック・ローホーの著作などを通じて日本でも取り入れられるようになった。[*7]最初は、ごく一部の界隈に留まっていたが、少しずつ実践者が増えていき、二〇一五年頃を境に「ミニマリスト」という生き方が一般にも知られるようになった。

けれども、物質主義に対するエリート層の反動としての側面は次第に薄れていき、節約と節制を旨とする生活防衛、雇用や報酬の不安定さから身を守るサバイバリズム（生存主義）の側面が強くなっていった。また近年、お金をいかに貯めるかという貯蓄術、お金をいかに増やすかという資産運用の要素まで加わることになった。とりわけ日本では、モノの所有を減らし、生活サイズを小さくするミニマリズムの実践を、コストパフォーマンスの観点から高く評価する「日本型ミニマリズム」とでも評すべきものが現れた。お金の管理も含めた自己防衛の手段としてのミニマリズムであり、「蓄財系ミニマリスト」を名乗る人々すら登場している。

筆者は、二〇〇九～二〇一〇年頃から顕著になってきたお片付け、断捨離、ミニマリズムのムーブメントを、伝統的な「足し算」型の自己啓発から「引き算型」の自己啓発へと重心が移り変わる転換期とみている。

「足し算型」は、前述した分厚い中間層に下支えされたもので、競争社会に勝ち抜いて欲しいモノは手に入れるという物質主義の肯定、そしてそのために自分の職業上の能力などを向上させることが念頭にあった。右肩上がりの時代の感覚がいまだ抜けず、「好きなことを仕事にする」的な自己実現願望に駆動されている面もあった。これは従来からある自己啓発のスタンダードで、今後も命脈を保っていくことだろう。

これに対して「引き算型」は、中間層の分解に対応するためにアップデートされた新時代の自己啓発といえる。これは「より少なく、より良く」というビジネスマインドの世界的な潮流と軌を一にしており、自己啓発２・０と位置付けることができるだろう。

「何かを足す」から「余計なものを引く」へ

この転換期の「自己啓発本」としては、シンプルライフを提唱するアルファブロガーの元祖、レオ・バボータの『減らす技術 The Power of LESS』（ディスカヴァー・トゥエンティワン、二〇〇九）が好例だ。

バボータはこの本で「『大切なこと』だけに集中して、それ以外は取り除いてシンプルにする――。これだけであなたの毎日は楽しくなる。ストレスだって減る。それに意外だと思うかもしれないが、今までよりもずっと生産的になれる」と述べた。このような思考は明らかにミニマリズムと相似であり、両者は幸福志向という共通点を持っている。現在まで続く時間管理系のビジネス書を牽引している省力的な方向性といえる。

昭和的な根性論ではどうにもならない状況であることがはっきりすると、無理に競争社会に参加するよりも、最初から別の土俵で生きていくほうが賢明な判断と思うようになるのはごく自然な成り行きである。将来的に年収の上昇が期待できず、結婚や子どもを持つといった家族形成が困難になり、人口の再生産どころか目の前の生活不安に対処しなければならない――これが「失われた30年」の酷薄な現実であった。自意識をくすぐる物欲から距離を取り、モノに振り回されない見識を持ち、もともとある能力を最大限効率的に運用することで、幸せな人生を歩むことを目指す方向性といえる。「何かを足していく生き方から、余計なものを引いていく生き方」への転換である。引き算なので実践のハードルが低いのがポイントだ。

当たり前だが、何かを買うために必死に働くよりも、いらないモノを捨てるほうが簡単である。第一お金がかからない。暇さえあれば誰でもすぐに始められる。生活の品々から無駄なものをそぎ落とせば、それだけ身軽になれるし、空間的な余白も増える。そもそもモノやサービスを購入するためには、その分働いて収入を得る必要があるが、何かを捨てるために余分に仕事をする必要はまったくない。ゴミに出すだけでいい。そして本当に必要なものとは何かを徹底的に吟味すれば、出費を大幅に減らすことができる。そのようなコストダウンによって、あくせく働かずとも暮らせる余裕ができれば、結果としてストレスは小さくなり、貯蓄もできるかもしれない。時間の有効活用も可能になるというわけである。

これこそが多くの人々を日本型ミニマリズムの実践に向かわせる大きな動機といえる。それによって幸福度も上がるのであれば、一石二鳥どころか一石三鳥だろう。

ちなみに引き算、足し算という表現は筆者の専売特許ではない。

「思えば、私たちの生活は、『足し算』の連続です。あれも欲しいこれも欲しい、街へ行けばモノで溢れかえっている。けれど物理的にも精神的にも、自分たちを『混乱させるようなモノ』まで背負い込んでいないか？」――そんな問いを投げ掛け、「高野山での生活を間近に見て、足し算の生活から引き算の生活へとシフトチェンジする重要性」に開眼したのは断捨離の生みの親、やましたひでこであった。

大量の名刺を捨てたら、会いたい人から連絡が

お片付け、断捨離、ミニマリズムをルーツとする「引き算型」の自己啓発は、主に二つの要素が直接的な魅力になっていると考えられる。「呪術的／魔術的思考（Magical thinking）」と「選民思想」だ。

「呪術」と聞くと、アニメ化された大ヒット漫画『呪術廻戦』の影響もあって、なにやら誰かを呪い殺すようなおどろおどろしいイメージがあるかもしれないが、ここで念頭にあるのはもっと身近なものである。

旱魃《かんばつ》が続く地域における雨乞いが分かりやすいが、現代においても金運や恋愛運、仕事運を上げたり、合格祈願や家庭円満、子宝などを願ってお守りを買ったり、神社などをお参りしたりする人は多いだろう。このような、通常であれば結び付かなそうな物事のつながりに因果関係を求める思考を指している。文化人類学では、悪いことをなす黒呪術／黒魔術と区別するため、白呪術／白魔術ともいわれる。

そして本書の定義する自己啓発としてのお片付け、断捨離といった引き算的行為は、じつ

はこの白呪術の儀式として機能しているのである。

お片付けの例を見てみよう。近藤は、自身のレッスンを受けたＭさんについて、その「人生が激変した」と主張する。


「捨てたくないもの第一位」だった膨大な数のセミナー教材を捨てたら、心の重荷がとれ、いつか読み直すかもしれないと思ってとっておいた五〇〇冊近い本を捨てたら、どんどん新しい情報が入ってくるようになり、大量の名刺を捨てたら、会いたいと思っていた人から連絡がきて自然と会えるようになったのだとか。（前掲書）

そして、近藤は、「彼女にかぎらず、片づけをすると人生がドラマチックに変わります。それはもう、一〇〇％といっていいくらい。『片づけの魔法』と私が呼ぶその効果が人生に及ぼす影響は絶大です」と自負するのである（同右）。

一読して違和感をおぼえたとしても不思議ではない。本を捨てたら新しい情報が入ってくるというのは、感覚的にまだ理解はできる。しかし、大量の名刺を捨てたら会いたい人から連絡が来るというのは、かなり謎めいている。手を離したら物が落ちる、といった自然科学的な因果関係とは明らかに異質である。ここでは、面白いことに近藤自ら「魔法」＝「呪術／魔術」という言葉を好んで使用している。

似たような話は、海外のコンサルタントの著書にも登場する。

アメリカの片づけコンサルタント、ブルックス・パーマーは、自らのガラクタ処分が幸運の呼び水になったことをこう振り返る。「よく書けていると思うので捨てることはできない」と躊躇していた自分の詩集について、しばらく自問した結果、失恋に対するこだわりが表現されていることに気付き、思い切って捨てたのだという。すると、その一時間後、ロサンゼルスのテレビ局から電話があり、自分の仕事について特集を組みたいと言われ、「これは古い詩集と思い込みを捨てたことと無関係ではないと感じ」たと述べている（『心の中がグチャグチャで捨てられないあなたへ』ディスカヴァー・トゥエンティワン、二〇一一）。

近藤にせよパーマーにせよ、ガラクタを捨てることによって新しいものが入ってくるという発想なのである。

自己分析と自己探求の呪術的モデル

図2−4●お片付け・断捨離の発想と呪術的／魔術的思考の比較

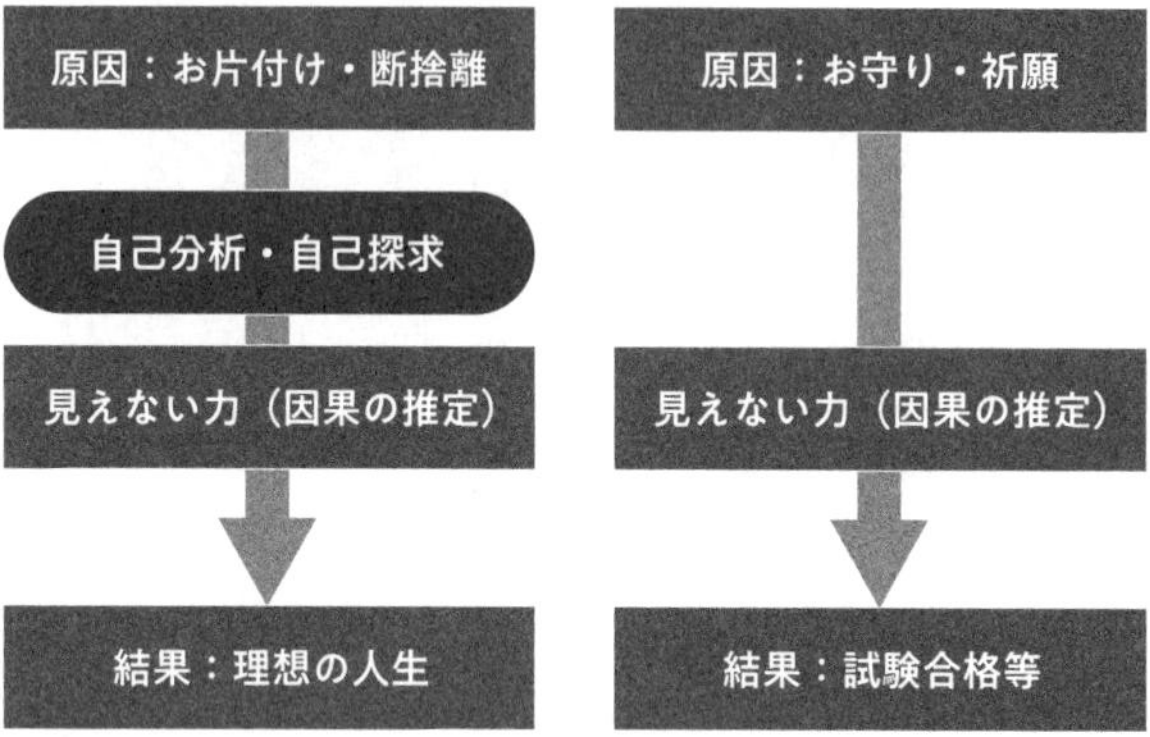

出所：筆者作成

このように、因果関係はさっぱり不明ではあるものの、お片付けによって新しい出会いや新しい仕事がやってくるという経験談がよく持ち出される。

やましたは、それを「見える世界」から「見えない世界」へと働きかけることと表現している。「家の中の詰まりを取り除いていくうちに、ドーッと『見えない世界』どころか『もっと見えない世界』からの応援が来る」と述べ、「運気というのは、実は自分で変えられる」と明言するのだ（前掲書）。

こうしたお片付け・断捨離の発想を呪術的／魔術的思考のモデルに当てはめると図２‐４のようになる。

お片付け・断捨離が、お守り・祈願と大きく異なる点は、原因と見えない力との間に自己分析・自己探求の手法が入ることである。神仏にすがるという非日常的な行為ではなく、日常的な行為に自己変革を目指すメソッドを組み込んでいるので、自分で自分の運命を切り拓いている感覚は必然的に強くなる。引き算型の呪術的思考では、多過ぎるモノや情報が「見えない力」の働きを抑え込んでしまっていると考えるため、メソッドを正しく実践していくことによって、物理的な風通しが良くなるだけでなく、運気の目詰まりも取り除かれるという因果の推定がなされるのだ。

運気についてやましたは、自己啓発という言葉を使って、断捨離の位置付けを明確にしている。

あらゆる自己啓発本では、「今」を生きて即行動できる人になろう、ということが繰り返し書かれています。成功者とは、実際、それを実践している人たち。断捨離は、その、「今」を生きて即行動というスタイルを、日常の片づけに落とし込んだメソッド。ですから、ただ漫然と「そうじで開運」を謳うつもりはありません。（前掲書）

やましたのこの指摘は非常に重要である。

なぜなら、呪術的側面からみると、引用文中でやましたが暗に批判する「そうじで開運」が、もとを辿れば風水的発想に紐づくものであり、本人が参照項として言及することによって、かえってその近さを印象付けてしまっているからだ。二〇〇二年にイギリスの風水師であるカレン・キングストンが著した『ガラクタ捨てれば自分が見える　風水整理術入門』（小学館文庫、二〇〇二）が日本で出版されてヒットした。

キングストンは、ガラクタがあることで空間のエネルギーが妨げられ、住む人の人生を停滞させたり、混乱させると述べている。そしてガラクタを捨てれば「人生の目的がはっきりと見えてくるようになります」と言うのである。日本におけるお片付けの自己啓発化に先鞭を付けた、祖に当たると言っても過言ではないだろう。

キングストンが「『ガラクタ』審査」と呼ぶ「私は心から、これが好き?」などのモノを選別する基準は、近藤の「ときめく」かどうかにとてもよく似ているし、「『ガラクタ』をきれいにしていくことで、私たちの意思を妨げようとする障害を取り除き、『Higher Self／大いなる自己』、そしてそれぞれの神と接することが出来るようになる」や、「自分が失った魂の一部を呼び戻す」といった表現は、いわゆる精神世界系寄りではあるものの、近藤ややましたが説く「見えない力」の働きと同じ機能について語っていることは明白だ。

近藤やましたの場合は、あくまで経験則をベースにしながらも、日常的な行為の範囲内に収まるメソッドとして体系化したことで、潜在的な呪術性をあまり意識させない自己分析・自己探求ツールに進化させたといえる。これはマーケティングの観点から見ると、見事というほかない。

「持つ者」より「持たない者」を上位に置く

「引き算型」の自己啓発の魅力として想定される二つの要素のうち、選民思想のほうはもっと単純なものだ。つまり、「持つ者」よりも「持たない者」のほうが優れているという逆転の発想である。

「持たない者」は、必要最小限のモノで生活し、モノへの執着がなく、足るを知っており、宣伝や広告などの情報に流されるなどしない。片や、「持つ者」は、モノへの執着があり、足るを知らず、情報に流されているといった差異化・差別化である。

「足し算型」の自己啓発は、競争社会のトロフィーといえるモノや地位を獲得することを目指し、燃費の悪い車のようにいろいろなエネルギーを消費しなければならないが、「引き算型」の自己啓発は、競争社会を勝ち抜くことが叶わない状況をむしろ強みに変える。モノや地位の獲得が思うように実現できない人々であっても、行き過ぎた物質主義の克服と欲望のコントロールというもっともらしい理由を根拠に、「体のセンサー」「決断力」と称される「引き算力」の習得によって精神的に高いステージへと上昇できるのだ。

どのようなモノをどれだけ持っているかという虚栄心から、どのようなモノをどれだけ持っていないかという虚栄心へのシフトといえるだろう。モノに対する執着がない者ほど自由でかつ幸福であるとする人生のランク付けのようなものである。

では、この逆転の選民思想は、引き算型の先導者たちのどのような発想のうちに認められるのだろうか。ここでは、再度やましたに立ち戻りたい。

やましたは自身のメソッドについて、「自分のみならず、世界をも信じられるようになってくる」「自力の世界から他力の世界へとレベルアップするようなイメージ」と評し、のちにそれを「俯瞰力」と名付けて「自在」の境地への次元上昇として図式化している（図２-５）。

「次元上昇」という言葉は、精神のステージがより高次のものになることを適切に表した語意といえる。ここには、「持つ者」たちが勝敗を決めるゲームから早々と離脱し、自らを縛

図2−5●図式化された断捨離メソッド

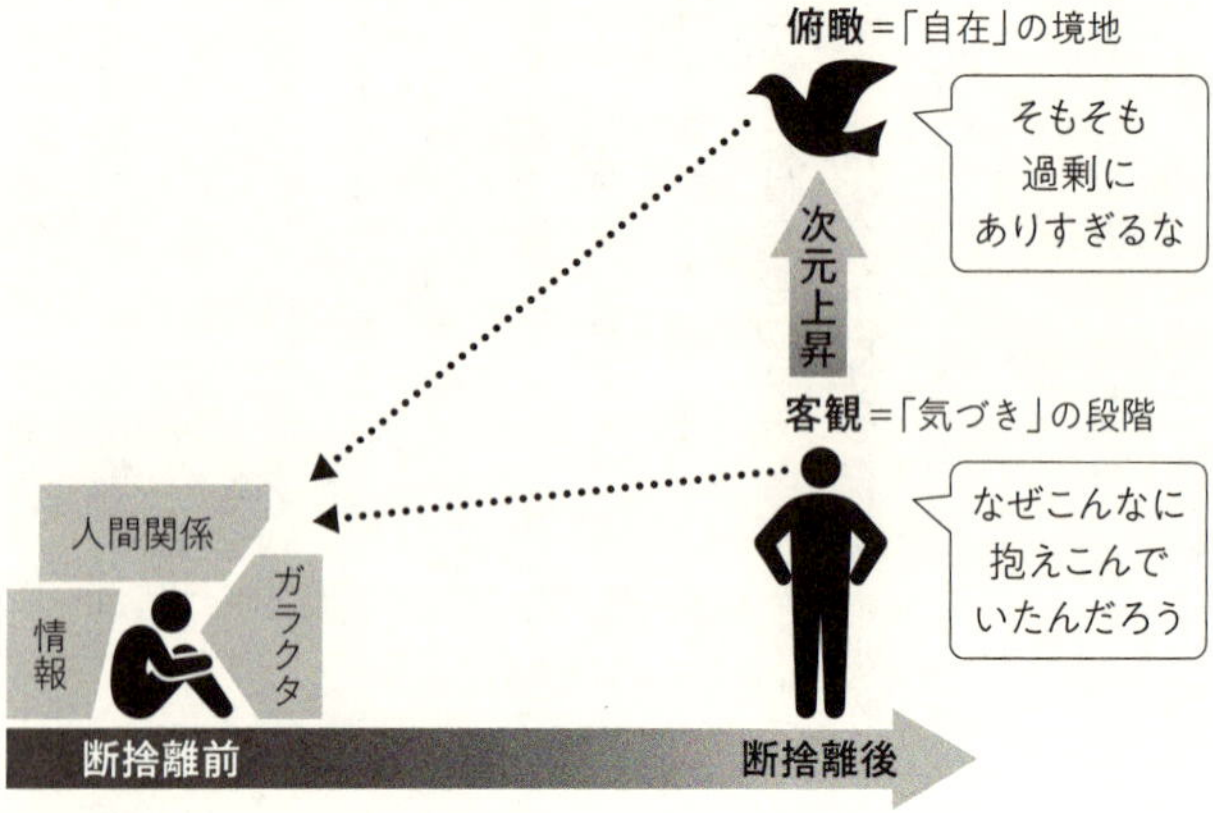

出所：『新・生き方術 俯瞰力 続・断捨離』マガジンハウス

っている既成概念から解き放たれる〝悟り〟の側面がある。

同様に、ミニマリストというライフスタイルを日本に広げた立役者である作家の佐《さ》々《さ》木《き》典《ふみ》士《お》は、「はっきり言って、モノを持っていた、かつてのぼくはクズだった」「ぼくはモノを少なくして、毎日幸せを感じられるようになった」と吐露している（『ぼくたちに、もうモノは必要ない。断捨離からミニマリストへ』ワニブックス、二〇一五）。ここでもまた、モノや地位を獲得したいという欲求を、モノや地位への囚われと読み替えることで、物欲や出世欲がエンジンになっている競争社会に冷や水を浴びせることが可能になるのである。

ここでは、現役世代の比較的若い層に蔓延《まんえん》する「努力をしてもお金が稼げない」「大した能力はないけど人並みに成功したい」という競争社会におけるありふれた悩みこそが、断捨離やミニマリズムを実践する敷居を下げる要素となる。というのも、①必要最小限のモノに切り詰め、②精神的なステップアップが達成され、③人生が良好になる――というお片付け、断捨離、ミニマリズムに共通する方程式は、豪華で高価な品々を所有し、それらをひけらかさずにはおれないお金持ちほど圧倒的に分が悪いからである。

美学を価値基準とする新しい選民思想

なんとかして現状を変えたい者からすれば、これほど効率の良いシステムはないかもしれない。

なぜなら、ただのお片付けを自らをアイデンティファイするライフスタイルにまで昇華させただけでなく、それを難なく理論武装してくれる「審美的な価値基準」を持ち込んだからである。

生き方として美しいか、美しくないかを見分ける物差しが、「きれいな部屋で、自分の好きなように理想の生活を送る」（近藤）、あるいは「必要最低限量しかモノはなく、機能的で美しい。空間にははらはらと……と大切なものだけが置いてある」（やました）という視覚的なものと一体化している点は極めて重要だ。余白の多い、モノが少ない快適な住空間は幸せへの近道であり、美学による人生の救済を意味しているのである。

かつて美術史家の高階秀爾《たかしなしゅうじ》は、千利休が豊臣秀吉に朝顔が見たいと言われ、庭の朝顔をすべて捨てて一輪だけ飾ったという挿話を取り上げ、これこそが日本の美意識である「わび・さび」であるとした。そして、そのような「切り捨て」に趣《おもむき》を見てとる感性の本質を「否定の美学」と呼んだ（『増補　日本美術を見る眼　東と西の出会い』岩波書店、二〇〇九）。いわば先祖返り的な感受性といえるものであり、それに人生のコントロール感を回復するという自己啓発的な側面が組み合わさっているのだろう。

ほかにも、整えアドバイザーで「ゆるミニマリスト」を自称する阪口ゆうこは、「暮らしやすさより、ものを減らすことが優先されるのは、違う」と述べ、あくまで手段としてミニマリズムを活用したことを強調する（『片付けは減らすが9割　ゆるミニマリストが教えるがんばらない整理術』ぱる出版、二〇二〇）。モノを減らすことを優先し過ぎると、美しいデザインの家具や、カーテンなどの装飾を犠牲にすることになり、せっかくの生活の場が貧相になるからだ。最も大事なのは、自分が理想とする整った空間、美意識を具現化することなのである。

極端なミニマリズムの追求はせず、機能性重視の生活術と美意識重視のおしゃれのバランスを最適化する方向性といえる。自分の趣味に合う調度品やファッション、住まいをセルフプロデュースすることが重要なのであり、それが様々なメリットにつながるという確信がある。

例えば、あるインスタグラマーは、モノを減らし、自分好みに厳選されたモノだけで生活空間を満たした結果、「物欲がコントロールできるようになった」「掃除が楽になった」「お金と時間に余裕ができて心が安定する」「好きな人と過ごせるようになった」といった変化を挙げる。ゆるミニマリスト生活によって、幸福度が上がり、自己肯定感が上がると評価しているのだ。

ミニマリズムから原理主義的な部分をそぎ落とし、お片付け・断捨離からは体系的なメソッドを取り除いて、単純に手法やエッセンスのみをうまく取り入れた点が「ゆる」という意味の正体といえるだろう。確かに、ミニマリズムを徹底するのは骨が折れるし、本格的なお片付けには特定の順序に従った作業とテクニックが必須になるため、真剣にやろうとすればかなりの労力を要する。よりお手軽なものに移行したといえるだろう。このため、「ゆるミニマリスト」、あるいは「シンプリスト」は、ミニマリズムとお片付けを足して二で割ったようなハイブリッドと位置付けることができる。

これはミニマリズムやお片付けが一般化し始めた兆候でもある。YouTubeやインスタグラムなどを見渡すと、モノの手放し方から整理・整頓でメンタル改善に至るまで、多種多様な実践と助言が日夜発信され、昨今では「終活」（自分の死後のための準備）の文脈でも脚光を浴びており、老若男女を問わず高い関心を呼んでいる。

「趣味の良さとは局地財である」

お片付けの審美的側面に関しては、一つ象徴的な出来事が起こっている。二〇二〇年一一月に近藤が自身の英語版ウェブサイトで、日用品などのネット通販を開始したことが賛否両論を呼んだのだ。明らかに生活用品ではない音叉&クリアクォーツクリスタルが七十五ドル（約一万円）で販売されていたからである。

しかしこれは、お片付けや断捨離、ミニマリズムが自分なりの美的価値の追求であると考えれば当然の展開ともいえる。ミニマリズム的価値観においては、消費の対象を自分にとって真に有益なモノに絞っているだけであり、消費一般を全面的に退けるのではなく、従来の消費社会と同様、自分という人間を空間的に表現しているに過ぎないからだ。かつての消費スタイルと異なるのは、常時置いてあるモノが非常に少なく、厳選されているということぐらいである。

ミニマリストが持てはやされ始めた頃、「リッチミニマリスト」や「高級感あふれるミニマリスト」といった宣伝文句が用いられ、著名なミニマリストが高価なブランド品だけを使用して生活するなど、一点豪華主義的なライフスタイルを実践している事例からもその片鱗はうかがえる。この点を踏まえれば、近藤の事例は自身のメソッドに対する背信であるどころか、ミニマリストによる美的判断の純然たる発露であるとも捉えられるのだ。

これに関連する興味深いエピソードがある。

一時期、日本のミニマリスト界隈では、ドラム式洗濯機が推奨された。物干し竿やハンガー、洗濯バサミといったものがいらなくなり、天候を気にしたり、干したりする作業が不要になり、自由な時間ができるからだという。コンパクトなドラム式洗濯機の種類はさほど多くはないが、ミニマリストの間で人気が高いパナソニック製のCuble（キューブル）は、幅・奥行き六〇センチという白く小さな外観も手伝って、ミニマリストのアイデンティティを象徴するアイテムとして特別な輝きを放っているようであった。このようなアイテムによって特定のライフスタイルを生きているというメッセージが純度の高い形で結晶化されていたのである。ゆるミニマリストの界隈でも、同様にインフルエンサーがあるアイテムを紹介すると、それが飛ぶように売れている。

この傾向を理解するには、哲学者のジョセフ・ヒースと作家のアンドルー・ポターが『反逆の神話』（NTT出版、二〇一四）で解説する「財の価値と排他性」に関する議論が参考になる。

つまり、趣味のよさとは局地財である。他の多くの人が持てない場合にだけ、ある人が持つことができる。それは会員制ヨットクラブに所属するとか、都心で徒歩通勤するとか、手つかずの自然のなかをハイキングするようなことだ。そこには固有の競争論理が働いている。したがって、自分のスタイルや趣味を表明する物品を買う消費者は誰でも必然的に、競争的消費に参加している。

そう、ミニマリズム的な生活そのものがヒースとポターのいう局地財なのである。「固有の競争論理が働いている」ことは言うまでもない。究極的には何かを所有することではなく、（あえて）何かを所有しないことで「自分のスタイルや趣味を表明」していることも局地財になり得る。なぜなら必要最小限のモノで暮らすライフスタイルは、「他の多くの人が持てない」からだ。それはやましたのいう「自在」に至り、近藤のいう「自信」が身に付くことによって、人生を充実させることができる素晴らしい知恵なのである。お片付けやミニマリズムは、美学と幸福がイコールで結ばれている稀有な局地財であり、日本においてその傾向はとりわけ際立っているといえるだろう。

しかも、それは「自分が何者であるか」を確証してくれるアイデンティティのよすがとなる。自律性を補強してくれるアイテムと、日本的な「否定の美学」という美意識によって、とりとめのない人生を編み直すのである。ミニマリズムの原義にあった消費社会批判やエコロジーといった社会性は鳴りを潜め、節約と節制という生活防衛、雇用や報酬の不安定さから自分の生活を守ろうとするサバイバリズム（生存主義）の側面が色濃くなっているが、日本型ミニマリズムは、もう経済成長というパイが期待できない「没落しつつある先進国」である日本社会に適応した新しいライフスタイルなのであるから、「個人のリスクヘッジと幸福感の最大化」が目指されるのは必然なのだろう。「これからの時代、ミニマルであることはむしろ、最強の生存戦略だ」というミニマリストしぶの言葉は、明らかに余分なモノを人生のリスクとみなす時代変化を代弁している（『手ぶらで生きる。見栄と財布を捨てて、自由になる50の方法』サンクチュアリ出版、二〇一八）。

「社会は思い通りにできないが、身の回りは思い通りにできる」

このようなお片付け、断捨離、ミニマリズムという思潮が、ひろゆきブームに代表される「引き算型」の自己啓発の先駆けになったのである。

「引き算型」がいわゆる幸福志向であり、自律性の回復が目指されていることはすでに述べたが、人々がそれを目指したくなるより根本の理由は何だろうか。

これは低成長時代への適応とも関連するが、経済レベルの無力感と社会レベルの無力感の両方に対処する意味合いがあるだろう。前者は、右肩上がりの時代が終焉を迎え、正規雇用の減少、収入の低下が顕著になり、不安定な業績と先行きの不透明感が社会を覆い尽くし、富や階層上昇を追求することによる自律性の発揮がほぼ不可能になったことを指す。

後者は、コミュニティの衰退と家族や友人などの身近な関係性の希薄化、有無をいわせぬ最新テクノロジーの社会実装と労働市場の流動化、価値の多様化等々によって包囲され、「何一つ思い通りにできない」という諦めと、「でも、なんとかしなければならない」という焦りに引き裂かれる心境を表している。

そうなると、何か別の形で「自分で自分の人生をコントロールできている」という感覚を取り戻す緊急の必要性が生じる。もはや国政選挙における投票行動やソーシャルメディアのデモで何かが変わることはなく、政府の景気対策や年金などに望みを見いだすのは愚かでしかないと痛感されるからだ。つまり、「社会は思い通りにはできないが、個別の住空間や仕事、人間関係など身の回りのことであれば思い通りにできる」――これが「自分で自分の人生をコントロールできている」という感覚を得ようとする人々の動機の根底にあるものである。社会変革から自己変革へというわけである。

お片付けや断捨離、ミニマリズムは、主として住空間からライフスタイルを作り変えるものであり、それが物事を自分の意思で自由に決める自己決定の感覚を生じさせる。過去の辛い思い出が詰まった品々を捨てるなどすることは、社会全体から見れば瑣末なことに過ぎないが、個人からすれば新しい運命を切り拓いたような気がするものである。少なくとも「自分には何もできない」といった不全感に陥っている人々にとっては、人生の操縦桿《そうじゅうかん》を奪い返せるかもしれないという希望を抱かせるには十分だ。

実際、二〇一八年に二万人の日本人を対象にした幸福感に関する実証研究で、所得、学歴、健康、人間関係、自己決定を説明変数とする分析を行なったところ、幸福感を決定する健康、人間関係に次ぐ要因として、所得、学歴よりも自己決定が強い影響を与えていることが分かっている。調査を実施した研究者たちは、自分で人生の選択をすることが、選んだ行動の動機付けと満足度を高め、それが幸福感を高めることにつながっていると考えられると結論付けた[*8]。

さらに、日本は国全体で見た場合、「人生の選択の自由」の変数値が低いと述べ、そのような社会で自己決定度の高い人が、幸福度が高い傾向にあることは注目に値するとまで言及している（同）。

どのような方法であるにせよ、仮にそれが中身のないような偽物の自律性＝自己決定であっても、その感覚を取り戻すことが幸福感の醸成に直結しているのである。

本や資格やセミナーよりも強力な人生リセットボタン

スピリチュアル・アナリストの有元裕美子《ありもとゆみこ》は、「忙しい現代では、いつまでも落ち込んでいるわけにもいかず、素早く回復することが求められる。その結果、『ゆっくりと根本的な回復』ではなく、たとえ表面的にでも、通常の生活が送れる程度にまで、『効率的に癒やされたい』という需要が発生する」と指摘した（『スピリチュアル市場の研究　データで読む急拡大マーケットの真実』東洋経済新報社、二〇一一）。

有元は、一定程度の試行錯誤を経て、解決策をいろいろ試した末に、「ようやく人生の変容を経験する」のではなく、専門家やプロの手を借りることで、短期間で「人生の正解」を得ようとする傾向が最近のスピリチュアル・ブームの特色だとしている。しかも、より簡易なものへとニーズが移りつつあるという（同前）。筆者もミニマリズムやお片付け分野だけではなく、「引き算型」の自己啓発全体で同様の「効率化」が進んでいると考えている。既述した「ゆる」がまさにそうだが、最短経路でたどり着ける、コスパの良い「ゆる変革」のニーズが高まっているといえる。

「ミニマリズムというのは、今までの人生を一度リセットしてくれる考え方であり、人生のチューニングを行ってくれる手段」と捉えているミニマリストのTakeruは、本を大量に読んだり、資格を取ったり、セミナーに参加したりしても、「それほど人生は変わらない」と述べた。そして、「誰でも簡単に、人生を変えられる手段がミニマリズム」だと主張した（『月10万円でより豊かに暮らすミニマリスト生活』クロスメディア・パブリッシング、二〇二〇）。カリスマたちの教えに従って引き算に徹すれば、美学と幸福の最強コンボがやってくると言われると、「変わりたい」「自由になりたい」「生活の不安から逃れたい」といった願望を抱えた人々にとっては朗報であろう。

「引き算型」の自己啓発によって、埃を被っていた自らのセンスや精神性などの可能性が日の目を見、結果的に幸福な人生がもたらされる――これは、選ぶ側の自己責任が重くのしかかる個人化の時代において、リスクをゼロにしたいという安心・安全志向、多過ぎるモノや情報を制御したいというフィルター志向を同時に満たす、体裁の良い反消費主義的なユートピアへの招待状なのである。たった一人で根気強くモノとコミュニケーションを取り続けることで、「あなたもお部屋から世界を変えることができる」という福音なのである。

わたしたちが自分だけしか頼りにできず、社会状況に明るい展望が持てないとき、ミニマルになることでグローバルな生存競争から距離を取り、スマートな防衛線を築くことができるというメッセージはとても魅惑的に映る。日本でミニマリズムを実践している人々が「生活実験」という言葉を頻繁に使うのは、強いられたライフスタイルの選択が自己を作り変える好機だとポジティブに捉え直そうとする心境が、自らの心身にメリットがあるかどうかを試みる実用主義的な態度として表れているからでもある。もしそれがまやかしであったとしても、効能が得られるならば試さない手はない。そんな割り切ったリアリズムが必要とされているのだ。それが寄る辺ない時代を生きるわたしたちの一面の真実といえる。

現代のミニマリズム運動を牽引するオピニオンの一人であるジョシュア・ベッカーは「意識して所有物を少なくすれば、誰も勝つことができない『比較』というゲームから降りることができた」と述べたが、それはまた、人生の幸福をめぐって戦われる別のゲームの始まりでもあるのだ。

＊1　「こんまり」を生んだ土井英司が明かす、計算づくしの世界戦略／２０２０年12月４日／Forbes JAPAN（https://forbesjapan.com/articles/detail/37727/page3）

＊2　人生が変わる片づけ術！　世界で話題の〝こんまり〟メソッドとは？　My Wellness（https://www.starbucks-kenpo.or.jp/my_wellness/mindset/list13.php）

＊3　自己紹介－こんまり®流　片づけコンサルタント　船曳孝子－Tidying up the Life－岡山県（https://www.tidying-up.com/%E8%87%AA%E5%B7%B1%E7%B4%B9%E4%BB%8B）

＊4　民俗学者の神崎宣武は、人生の通過儀礼は神仏と密接に関わっており、「そのつど生命の尊さをたしかめ、その生命のさらなる更新をはかる、という意味がある」と述べ、近年これらが「形骸化されつつある」と論評している（『日本人の原風景　風土と信心とたつきの道』講談社学術文庫、二〇二一）。

＊5　日本を美しくする会について／認定ＮＰＯ法人　日本を美しくする会―掃除に学ぶ会―（https://www.souji.jp/about.html）

＊6　ＫＰＩの達成に追われ、胃を痛めながら働いた日々も「こんまりメソッド」仕掛け人が、人生を

変えるために〝捨てた〟思考／ログミーBiz（https://logmi.jp/business/articles/326016）

＊7　英語圏では、作家のレオ・バボータやジョシュア・ベッカー（二〇〇八年にミニマリズムを紹介するウェブサイト「BecomingMinimalist.com」〈ミニマリストになる〉」を立ち上げた）、コリン・ライト（二〇〇九年にグラフィックデザイナーを辞め、ブログ「Exile Lifestyle」〈亡命者のライフスタイル〉を立ち上げた）といったミニマリストブロガーがすでにいたが、二〇一〇年にジョシュア・フィールズ・ミルバーンとライアン・ニコデマスが結成した二人組のユニット「The Minimalists」の影響力がずば抜けていた。各種メディアから取材が殺到するようになっていたが、その頃の日本ではまだ訳書が出ていないこともあり一部の好事家だけが知る存在であった。そのため、ドミニック・ローホーの『シンプルに生きる　変哲のないものに喜びをみつけ、味わう』（幻冬舎、二〇一〇）や『シンプルに生きる　モノを持たない暮らし』（幻冬舎、二〇一一）といった著作などからミニマリズムを知る人々が多かったと思われる。

＊8　西村和雄（ファカルティフェロー）、八木匡（同志社大学）／幸福感と自己決定―日本における実証研究／独立行政法人経済産業研究所／2018年9月（https://www.rieti.go.jp/jp/publications/summary/18090006.html）

II

足し算型自己啓発

過去

第３章　それはアメリカ建国の父から始まった

我々の世代の最大の発見は、人生は心の持ち方で変えられるということ。

（映画『ファウンダー　ハンバーガー帝国のヒミツ』）

「人間の優劣は努力で決まる」

ここまでの2章では、「引き算型」の自己啓発の来歴とその台頭の理由について掘り下げた。

第3章では、タイムマシーンに乗って自己啓発の歴史を少しばかり辿ってみたい。「足し算型」の自己啓発の原点には、「引き算型」の自己啓発へと跳躍するアイデアがすでに内包されているからである。

自己啓発の歴史は、少なく見積もっておよそ一六〇年といわれている。これは、一九世紀のイギリスで活動した著述家サミュエル・スマイルズ（一八一二〜一九〇四）の主著『自助論』が出版された一八五九年を起源とする解釈でそうなっている。*1

スマイルズの『自助論』は、三〇〇人以上の実例を集めた成功譚集である。万有引力を提唱したニュートンや「鉄道の父」とされるスティーブンソン、蒸気機関を開発したワット、地動説を唱えたガリレオなど歴史上の偉人を引き合いに出しながら、成功への近道は勤勉と努力にあると説いたその内容から、自己啓発の古典的名著と目される。その書名は知らなくても、序文に掲げられた「天は自ら助くる者を助く（Heaven helps those who help themselves）」という言葉を知っている人は多いだろう。

日本では明治四年（一八七一年）に、啓蒙思想家の中村正直《まさなお》が『西国《さいごく》立志編』として翻訳刊行。一大ベストセラーとなり、とりわけエリート層の若者たちに多大な影響を与えた。ほぼ同時期の一八七二〜一八七六年に刊行された福沢諭吉の『学問のすゝめ』と並んで「明治の二大啓蒙書」と呼ばれ、刊行翌年に初の近代的な学校制度を定めた「学制」が頒布《はんぷ》されると、しばらくの間、教科書として採用されるほどであった。

成功した偉人に範をとり、勤勉の美徳を説く。これは本書が定義するところの「足し算型」の自己啓発で基礎となる発想に他ならないが、その源流に位置する一冊こそ、スマイルズの『自助論』なのである。

スマイルズが言わんとしたことは、「白紙」の状態で生まれてくる人間に「勤勉と努力」を足していけば、「成功と幸福」を漏れなく手にすることができるという人生訓であった。『自助論』では、勤勉をはじめとする努力と成功との関係が強調され、「人間の優劣は、その人がどれだけ精一杯努力してきたかで決まる」とすら主張される。まっさらな状態で横並びにスタートを切るからこそ、成功しているものは即ち、努力を重ねた者なのである。

発明家や芸術家、思想家、その他あらゆる分野で名を成した人間は、あくなき勤勉と努力によって成功を勝ち得ている（『自助論』）

『自助論』が大きな反響を呼んだことには、当時の時代状況が密接に関係している。イギリス本国の産業革命、そして日本の明治維新である。どちらも近代化の曙であり、前者では産業社会の発展に必要な労働倫理、後者では近代国家の創生期における立身出世のための精神論として多くの人々に受容された。「人生の奥義の九割は快活な精神と勤勉にある」と説いたスマイルズの著作は、近代的な経済原理の成立と封建的な身分制の解体に揺れる社会にあって、またとない「思想」を提供したといえるだろう。

自己啓発は近代化とともに誕生した

今でも参照されることの多いスマイルズほどは馴染みがないと思うが、自己啓発の起源を語る上で欠かせない重要な人物がもう一人いる。アメリカ独立宣言の起草委員の一人で「建国の父」ともされる、あのベンジャミン・フランクリン（一七〇六〜一七九〇）である。

先にも触れた「天は自ら助くる者を助く」という格言は『自助論』の有名な言葉として紹介されることがほとんどだが、実は、フランクリンが作った名言入りカレンダーの元祖「貧しいリチャードの暦」（一七三二）に掲げられた「神は自ら助くる者を助く」(God helps them that help themselves) のほうが先なのである。[*2] ほかにも「時は金なり」「信用は金なり」といった様々な人生訓を含むこのカレンダーは、やはり勤勉と節約が成功の鍵であると説くもので、約二十五年にわたって発行され続けたロングセラーの人気商品であった。

ここで興味深いのは、フランクリンがリチャード・ソーンダーズという偽名で暦を出版していたことだ。フランクリンの分身ともいうべきこの架空キャラクターは別の著作にも登場しており、例えば一七五七年の『富に至る道』には次のようなエピソードがみられる。

ある日、ソーンダーズが大勢の人でごった返している商品競売場に赴くと、質素ながらも身なりの良い老紳士が目に留まる。その老人に群衆の一人が世の中の行く末について尋ねると、彼は「貧しいリチャードの暦」を止めどなく引用する長い演説を始め、最後にはソーンダーズが感心のあまり、上着を新調しようとしていた自分を自重するという話だ。

巧みな小話になっているが、もちろん、競売場も老紳士もフランクリンの創作である。重要なのはエピソードそれ自体ではなく、当時はこの話がリアリティを持って受け止められていたということだ。格言入りカレンダーはそれほどまでに普及しており、日訓を通じて勤勉と節約を尊ぶ思想が庶民に行き渡っていたことをよく表している。

フランクリンの思想は日本の近代化とも無縁ではなく、例えば『学問のすゝめ』でもリチャードの暦の言葉が多用されている。これは、直接の理由としては福沢が日本におけるフランクリンの紹介者であったからだが、比較文学研究者の平川祐弘《すけひろ》によれば、福沢自身にもフランクリンを模範として生きた面があるようだ。実際、福沢の『福翁自伝』は『フランクリン自伝』が多分に意識されているという（『進歩がまだ希望であった頃　フランクリンと福沢諭吉』講談社学術文庫、一九九〇）。

つまり、勤勉の重要性を説いた『学問のすゝめ』からして、すでにフランクリン的な価値基準が反映されていたといえる。また『フランクリン自伝』それ自体も、明治時代の日本で『自助論』同様に立身出世の文脈で読まれた。

国文学者の前田愛は、そもそも『自助論』の核となる価値基準はフランクリンの著作中に示されているとする。「西国立志編が伝記に託して説いているさまざまなモラルの原型は、マックス・ヴェーバーが『資本主義の古典』と規定したフランクリンの『リチャードの暦』や『若き商人に与う』（略）等に求められるであろう」と（『近代読者の成立』岩波現代文庫、二〇〇一)。

また『世界の自己啓発50の名著』の著者トム・バトラー＝ボードンは、同書で『フランクリン自伝』を評して「絶え間ない自己評価によって、人間の人生と人格がいかに高貴なものになりうるかを示すことを目的とした書」とし、「本書はあらゆる自己啓発の起源となる古典的一冊となった」と述べている(『世界の自己啓発50の名著』ディスカヴァー・トゥエンティワン、二〇〇五)。

先に『自助論』が支持された背景には産業社会や近代国家の発展があったことを指摘したが、両者の指摘を踏まえれば、自己啓発はまさに近代化とともに産声を上げたと言うことができるだろう。そしてこの結び付きには、前の引用文にある通り、社会学の創始者として著名なマックス・ヴェーバーが提唱した「資本主義の精神」も深く関わっているのである。

「神の栄光」と「信用できる立派な人という理想」

「資本主義の精神」とは、「労働が絶対的な自己目的――»Beruf《ベルーフ》«『天職』――であるかのように励むという心情」だとヴェーバーは説明している(『プロテスタンティズムの倫理と資本主義の精神』岩波文庫、一九八九。以下の記述も同書に基づく）。そしてその精神を支えたのがプロテスタントの禁欲的な姿勢であるというのが、ヴェーバーの主張であった。

そもそもプロテスタントとは、一六世紀のヨーロッパで起こった宗教改革運動において、カトリック教会から分離した諸教派のことを指している。ルター派やカルヴァン派などがよく知られているが、その中でもヴェーバーが特に重視したのがカルヴァン派の「予定説」だった。これは、誰が神によって救われるかは生まれる前から決まっており、しかもそれを人間は知り得ないとする考え方である。そのため人々は、果たして自分が救済されるのかどうか、不安と苦悩に突き落とされることになる。そして、もしも自分が神によって救済されると決まっているならば、その自分は神の意向にかなうような行ないをするはずであるという転倒した論理を生み出した。

もともとカルヴァン派信徒の教会内部における様々な活動は、ひたすら「神の栄光を増すため」のものという位置付けであったことから、世の中のために役立とうとする職業労働も同様の性格を持つことになったという。これにより、人々は禁欲的になり、贅沢や浪費を慎み、「天職」（神より与えられた召命としての職業）に没頭した。これが「世俗社会の修道院化」などと称されるものであり、社会で働くことが「神の栄光」を増し、その結果としてもたらされた経済的な成功が「自己の救い」を確証するための材料になった。

このような事情を指してヴェーバーは、「ピュウリタン〔著者注：イングランドでのカルヴァン派の名称〕は人生のあらゆる出来事のうちに神の働きを見るのであって、そうした神が信徒の一人に利得の機会をあたえ給うたとすれば、神みずからが意図し給うたと考えるほかはない」と言っている。

ヴェーバーは、フランクリンの著作などを踏まえた上で、「彼の口から特徴ある話法で語られているものが『資本主義の精神』だ」と述べ、「倫理的な色彩をもつ生活の原則という性格をおびている」ことを強調した。そして、「われわれがこの『吝嗇《りんしょく》の哲学』に接してその顕著な特徴だと感じるものは、信用できる立派な人という理想」であるとし、そこに「抑制した自己統御への尊敬」が見られるとした。社会的成功を目指し、常に自身の行動を振り返り、反省と修正を厭わずに、自己変革を図るという「足し算型」の自己啓発のひな形がここにある。

いずれにせよ注目すべきは、出発点には自己の救済を確証するための職業労働があり、それは「神の栄光」に奉仕するという観念とともにあったことである。それゆえ「天（神）は自ら助くる者を助く」なのである。

貧しいリチャードも申すように、「勤勉は好運の母」であり、「勤勉な者には、神、何物をも惜しみ給わず」なのです。(『フランクリン自伝』岩波文庫、一九五七)

ヴェーバーが指摘する通り、このような精神性は、フランクリンやスマイルズなどを通じて、大衆に行き渡った。しかし、あくまで原点においては「神」のご加護が意識されていたことを忘れてはならない。現代の自己啓発にまで脈々と引き継がれる思想は、プロテスタンティズム的な労働倫理をルーツとするのである。

「思考は現実化する」は反プロテスタントから来た

片や、同じく主流派のキリスト教に反旗を翻す形で、一九世紀後半にアメリカから始まったとされる宗教運動がある。そしてこれはプロテスタント諸派をも徹底して否定するものであり、「ニューソート (New Thought＝新しい思考)」と呼ばれている。この潮流もまた、自己啓発の系譜を考える上で重要である。

ニューソート運動は、アメリカのメスメリスト(動物磁気師[*3])でヒーラー(治療者)であるフィニアス・クインビー（一八〇二～一八六六）がその思想的基盤を作ったとされている。クインビーは、病気は誤った信念の結果として心に生じるもので、神の知恵に開かれた心はどんな病気も克服できるという考えに基づき信念体系を構築していった。端的にまとめてしまえば、思考が物理的現実に影響を与えるという思想である。

歴史家のマーチン・A・ラーソンは、ニューソートが人間を「神の本質の一部」だとする世界観に根差していると述べ、誰もがその専念の度合いによって、キリストという「普遍的な力」の恩恵を受けることができるとしながら、その教義についてこう要約している。

神は普遍的本質ないし実在であり、物質的なものであれ霊的なものであれ、有形・無形のいっさいのものの実体である。この神の本質は非人格的ではあるが、情け深く、これに気づいて、与えられた祝福を活用するすべての人びとを益するように働く。

人間は、分離不可能の一なるものにおける神の本質の、個別化された表現である。したがって人間は、その身体、感情、そしてすべての活動において、完全になるための無限の可能性をもつ。（『ニューソート　その系譜と現代的意義』日本教文社、一九九〇）

つまりニューソートは、プロテスタンティズムのように救済される者がごく一部の者に限定され、それゆえ救済の確証に向けた労働に身を投じるという立場ではなく、すべての人々に救済の可能性が開かれており、それは世のため人のためという倫理の実践を通して達成されるという立場なのだ。個々人にあらかじめ備わっている「神の力」を得て、自ら努力することによって、人種や信仰などに関係なく救われるのである。ラーソンはこのような教義の源流が18世紀の神学者エマヌエル・スウェーデンボルグにあると主張している。スウェーデンボルグもまた、救済の条件をその人の「道徳的性質」に求めているからである。

このニューソートこそが、『「原因」と「結果」の法則』（サンマーク出版、二〇〇三　原書一九〇三）のジェームズ・アレン、『引き寄せの法則』（パンローリング、二〇一三　原書一九〇六）のウィリアム・ウォーカー・アトキンソン、そして『思考は現実化する』（きこ書房、一九九〇　原書一九三七）のナポレオン・ヒルといった膨大な自己啓発書作家たちに強烈なインスピレーションを与えるとともに、様々な表現者や指導者を通じて、一般の人々をも取り込んでいったのである。

究極的には人間の意志力さえあれば良い

その広がりは、マクドナルド・コーポレーションの創業者レイ・クロックの半生を描いた映画『ファウンダー　ハンバーガー帝国のヒミツ』（二〇一六）を見ればよく分かる。

冒頭のシーンで、マイケル・キートンが演じるレイ・クロックは、自己啓発作家で牧師のノーマン・ヴィンセント・ピールの『積極的考え方の力（Power of Positive Thinking）』の朗読レコードを繰り返し聴き、自らを奮い立たせる夢追い人として描かれている。

「世の中に〝執念〟に勝るものはない。〝才能〟があっても成功できない者はゴロゴロしている。〝天才〟も報われないのが世の常だ。〝学歴〟も賢さを伴うとは限らない。〝執念〟と〝覚悟〟さえあれば、まさに無敵だ。何事にも屈しない強さと安定した心と、健康管理。みなぎるエネルギー。日々それらを保ち続ければ結果は必ず付いてくる」――。

「ポジティブ・シンキング」「ポジティブ思考」は、ニューソートの特色の一つであるが、この言葉を一般に普及させた立役者はピールである。彼は右に挙げた著書で、「できると考え始めたとき、人は驚くべき力を発揮する。自分自身を信じるとき、人は成功への最初の秘訣を知る」などと記している。つまり、岩盤を穿《うが》つような強い意志や信念こそが起爆剤になるというわけである。

クロックは、五〇歳までは成功から見放された人物だったが、マクドナルド兄弟と出会い、天啓を受けたかの如く、世界的なチェーン展開に邁進する。そして、その異常ともいえる執念、権謀術数の数々によって巨万の富を得ることになった。

しかしクロックが体現しているような、ポジティブ・シンキングと執念によって富がもたらされるという論理は、ニューソートという単体の運動だけでは説明がつかないところがある。そこでは神のご加護というよりも、むしろその手で成功を掴みとる人間自身に重きが置かれているように思われる。

ピールのような思想の背景には、「誰でも回心して真面目に生きれば救われる」というアメリカ的な福音のメッセージ、土着化したアメリカのキリスト教の影響があると、神学者の森本あんりは指摘している。森本は「アメリカ人にとって、宗教とは困難に打ち勝ってこの世における成功をもたらす手段であり、有用な自己啓発の道具である」と述べ、「神を信じて早起きしてまじめに働けば、この世でも成功し、豊かで健康で幸せな人生が送れることが保証されるのである」という（『反知性主義　アメリカが生んだ「熱病」の正体』新潮選書、二〇一五)。

ここで信じられているのは、神は必ず自分の血の滲むような努力に報いて下さるという確信がある。これは神と人間とが、カルヴァン派に特徴的な、神の意志は計り知れず、人間は神の意図を知ることはできないといった絶対的な不平等の関係ではなく、ほとんど双務契約のような、対等に近い関係にあることを意味する。森本によれば、それこそがアメリカ的キリスト教の特徴なのである。

だが、そうだとすると、救済や幸福、あるいは世俗的な成功が実現されるためには、究極的には人間の意志力さえあれば良いことになる。そしてこの理屈こそが、ピールのような思想を下支えする基盤に他ならない。一方に権利があり、他方にそれに応えなければならない義務があるのだから、「考え方次第で富がもたらされる」というロジックになるにも当然である。もはや神ではなく人間が主導権を持つ側にいるといえる。

ブースターエンジンとしての「神」

「自己啓発の父」であるフランクリンからして、理神論者を自称していた。理神論とは、一言でいえば、神は世界を創造したが創造後の世界には直接関与していないと考える立場をいう。魔法使いのように誰かと誰かの恋愛を成就させたり、大事故を未然に防いだりするといった人格的な存在として神を想定しないので、奇跡や啓示などを否定し、理性や法則性を重視する。

見方を変えれば、これもある種の合理性の追求であるため、理性や法則性に従う形で自らの資力を投入すれば報われるという人間本位の考えに傾きやすい。理性や法則性といったところで、結局は人間の側の都合で仮構したものに過ぎないからだ。

そしてこれは、思考が物理的現実に影響を与えるというニューソート的な世界観とも親和性がある。「強く願えば金持ちになれる」というナポレオン・ヒルの発想は、人格こそが成功の鍵になるとするフランクリンの理神論的な価値観と、人間の思考の優越性に基づく成功法則という地下茎でつながっているのだ。

ヒルは、「思考が明確な目標、忍耐力、あるいは強い願望とあいまって成功に向かって作用しはじめるとき、思考は強烈な実体になる。こうして、人間は自分が考えているような人間になる」「心の底から金持ちになりたいという願望を持ち、その願望の成就のために揺るぎない計画を立て、さらに決して心を他のことで迷わせない、という固い決意を持ってその計画を行動に移せば、願望は必ず達成する」などと述べている（『思考は現実化する』きこ書房）。

もはやここには「神というパワーワード」は出てこないが、「多段式ロケットにおける第一段目のエンジンが神に相当するものであり、そのエンジンを切り離した後は、人間の意志力というエンジンだけで推進できる」と考えれば分かりやすいかもしれない。

神は自己啓発思想における強力なブースターであったのだ。それによって人は、「無限の可能性が約束された宇宙」へ「飛翔するのである。

テレビ作家／プロデューサーのロンダ・バーンが著した世界的なベストセラーの自己啓発書『ザ・シークレット』（The Secret）も、文化史学者のアンナ・カタリーナ・シャフナーによれば、思考が富を引き寄せるというナポレオン・ヒルのアイデアを焼き直したものに過ぎないという。[*4] この書籍は二〇〇六年に公開された同名の映画を下敷きとしている。主に実業家や哲学者、神秘家、心理学者、量子物理学者、医師などのインタビューで構成される本編の映像では、自己啓発作家のボブ・プロクターによって、引き寄せの「法則性」について明快な説明がなされている。

プロクターは、私たちには一つの無限の力が働いていると述べ、そしてそれがすべて同じ法則に導かれているというのだ。彼は宇宙の自然法則を引き合いに出しながら、その自然法則と同様、人生に起こることのすべてをそれぞれの人間が引き寄せていると言い、各人の思考が直接的に物事に影響を与えると力説している。

社会的成功を志向する「足し算型」の自己啓発の原点には、以上のようなキリスト教的な西洋文明特有の思想が基盤にあり、それがブースターとしての役割を果たしていること、言い換えれば、自己啓発の最初の種子であったことを忘れてはならない。

＊1　もちろん、精神的な修養、自主的な改善などを意味する自助、自己改善は古代から存在している。ここでは取り扱うのは、近代的な現象としての特色を持つ自己啓発であり、古くからある美徳や心身のケアの実践に関わるものとは区別して定義している。近代的自己啓発（Modern personal development）とでも称すべきものである。

＊2　元はラテン語とされ、様々なバリエーションがある。例えば一七世紀イングランドの政治家アルジャーノン・シドニーの著作『Discourses Concerning Government』の中に「God helps those who help themselves」という一文がある。平川祐弘によれば、フランクリン以後、God が Heaven に置き換えられるようになったという（『天ハ自ラ助クルモノヲ助ク　中村正直と『西国立志編』』名古屋大学出版会、二〇〇六）。

＊3　動物磁気説（メスメリズム）は、一八世紀にドイツの医師フランツ・アントン・メスメルが提唱した理論。人間、動物、植物を含むすべての生き物に目に見えない磁気流体が作用しており、病気が生じるのは、この磁気の不均衡によるものと考え、多くの患者に治療を施した。催眠療法の先駆けといわれている。

＊4　The Problem With Manifesting／２０２３年11月15日／Psychology Today
https://www.psychologytoday.com/us/blog/the-art-of-self-improvement/202205/the-problem-with-believing-in-manifesting

第４章　中村天風から松下幸之助へ

人間には、この宇宙の動きに順応しつつ万物を支配する力が、その本性として与えられている。人間は、たえず生成発展する宇宙に君臨し、宇宙にひそむ偉大な力を開発し、万物に与えられたるそれぞれの本質を見いだしながら、これを生かし活用する事によって、物心一如の真の繁栄を生み出すことができるのである。

かかる人間の特性は、自然の理法によって与えられた天命である。

松下幸之助『人間を考える　新しい人間観の提唱　真の人間道を求めて』（ＰＨＰ研究所）

大谷翔平の愛読書として話題に

人間には無限の可能性があり、強い意志を持って事に当たれば願望は成就するというニューソート的な世界観は、日本においても受容されていった。本章では、その紹介者となった中村天風《てんぷう》や谷口雅春《がしゅん》といったキーパーソンたちの思想と実業界に与えた衝撃、「労働は神聖なもの」と考える労働倫理などとの結合を経て、日本独自の「足し算型」の自己啓発に発展していった足跡を振り返ってみたい。

まず中村天風と聞いてピンと来る人はほとんどいないだろう。けれども、プロ野球選手の大谷翔平がメジャーリーグに行く前に愛読していた『運命を拓く天風瞑想録』（講談社、一九九四）の著者だといわれると俄然興味が湧くのではないだろうか。

中村天風（一八七六～一九六八）は、今でいうモチベーショナルスピーカー（自己啓発コーチ・講演家）に位置付けられるが、旧大日本帝国の元陸軍諜報員、右翼の源流とされる政治結社「玄洋社」社員という異色の経歴の持ち主で、ヨガ行者、実業家、思想家など様々な顔を持つ。公式の説明によれば、日露戦争の軍事探偵として満蒙で活躍後、肺結核を発病。

心身が弱くなったことから人生について深く考えるようになり、人生の真理を探究するため欧米に旅立った。哲学者や宗教家を訪ね歩いたものの、満足する結果が得られず帰国を決意したが、思いがけずその帰路でヨガの聖者・カリアッパ師と出会い、ヒマラヤの麓で指導を受けることになった。「自分は大宇宙の力と結びついている強い存在だ」という真理を悟ることで、病を克服。帰国後は実業界で活躍するが、病や貧乏などに苦しむ人々を救おうと、天風会を創始し「心身統一法」を広める講演活動を始めたという。[*1]

まるでマーベル・コミックのヒーローのような開眼までの道のりであるが、中村は欧米に旅立つ前から自己啓発作家のオリソン・スウェット・マーデン（一八四八〜一九二四）の著作などからニューソートの影響を受けていた。[*2] ヨガに関しては、ニューソートの先駆者であるヨギ・ラマチャラカことウィリアム・ウォーカー・アトキンソンから多くの示唆を得ていたようだ。[*3]

そのため、天風哲学と自称する彼の思想は、ニューソートをかなり色濃く反映したものとなっている。

中村は『運命を拓く』で、「この現象界に存在するもののすべては、みなこの根源的実在物、いわゆる私の名付けた〟宇宙霊〟から生み出されたものである。この世のすべては造物主の分派である」と述べている。宇宙霊とは、人格的な存在ではなく、「宇宙の一番おおもとの気という意味」だと言い、「そもそも宇宙霊なるものこそは、万物の一切をより良く作り更えることに、常に公平なる態度を採る。そして、人間の正しい心、勇気ある心、明るい心、朗らかな心という積極的な心持ちで思考した事柄にのみ、その建設的なる全能の力を注ぎかける」と説明している。

そのため、この「宇宙霊の心」を「自己の心」と一致させなければならないという。「宇宙霊の心は、絶対積極であり、真と善と美のみ」であり、「感謝と歓喜に満ちた善き言葉と行為」が幸福の種子になると主張する。「これが宇宙法則に柔順に従うことになり、またそうするなら、宇宙法則も当然、我々によき運命を与えてくれるに決まっている」と。つまり、自分の人生がどのような状況に陥ったとしても、憎しみや嫉妬、怒りや恐怖といったネガティブな感情に囚われることなく、清らかな心、「美しい純粋な感情」を持つように努力すれば、必ずや運命は好転するという強固な法則性に支えられているのである。

これは第3章で提示した人間の意志力がすべてを決定するようなニューソート的世界観とほとんど同質のものといえる。例えば、中村の「あなた方の自我の中には、造物主の無限の属性が、宿っている。それは、自分および人の世のために、その尊いものを善用して、この世に生まれた人間達の幸福を増進し、進化と向上とを現実化させようとする、造物主の意図に他ならない」という言葉は、先に紹介したマーチン・A・ラーソンによるニューソートの要約である「神の本質は非人格的ではあるが、情け深く、これに気づいて、与えられた祝福を活用するすべての人びとを益するように働く」「人間は、その身体、感情、そしてすべての活動において、完全になるための無限の可能性をもつ」の記述に対応している。

中村が想定する「宇宙法則」は、ある人間が特定の感情・行ないを徹底すれば、自動的にその見返りが得られる「正しい思考（インプット）」→「好ましい結果（アウトプット）」という明快な仕組みになっている。いうまでもなく、これは人格の向上が成功につながるフランクリンの理神論的な法則性や、思考が富を引き寄せるナポレオン・ヒル＝『ザ・シークレット』的な法則性とともに、人間の心次第でどうにでもなる思考の優越性を共有しているのだ。「何事においても、そのときの心の態度が、成功を生み、また失敗にも追いやる」という一文は、中村のスタンスを凝縮した表現になっている。

中村は、「人間の心は宇宙と直結している」「あらゆる病は本人の無知が原因である」「誰もが無限の可能性を持ち、成長と発展と幸福の機会が与えられている」などの世界観を中核に据えるニューソートの嫡子《ちゃくし》なのである。

松下幸之助が説いた「宇宙根源の力」

日本におけるニューソートの受容は、多くの著名人によってなされ、大衆化されたが、なかでも中村の影響力はずば抜けていた。

東郷平八郎（元帥・海軍軍人）、原敬（元首相）、宇野千代（作家）、堀越二郎（零戦設計者）、渡辺安太郎（大和証券元社長）、倉田主税《ちから》（日立製作所元社長）、飯田清三（野村證券元社長）、尾身幸次（元財務相）、稲盛和夫（京セラ創業者）、松下幸之助（パナソニック／旧松下電器産業の創業者）、永守重信（日本電産創業者）等々、[*4]直々に中村の薫陶を受けた人々から、著作や講演を通じて蒙《もう》を啓《ひら》かれた人々に至るまで錚々《そうそう》たる顔ぶれだ。

実業界でとりわけ有名なのが稲盛和夫（一九三二～二〇二二）と松下幸之助（一八九四～一九八九）である。

とはいえ、宗教家と弟子のような特定の思想の継承者というよりかは、自分にとって有用なエッセンスを吸収したという言い方が正しいかもしれない。なぜなら、全体としてニューソート的なものの見方を採用しているところは、おそらく中村以外のニューソート系の著名人から感化された面もあると思われるからだ。一例を挙げると、新宗教団体「生長の家」の開祖、谷口雅春が著した『生命の實相《じっそう》』やその教えである。稲盛も松下も谷口との出会いやそれによる影響を公言している。[*5]

　そもそも、谷口は「生長の家」の思想形成においてニューソート系の宗教者であるフェンウィック・ホルムス（一八八三〜一九七三）から多大な影響を受けている。[*6] また『生命の實相』で谷口は、ニューソートの先駆者でヒーラーのフィニアス・クインビーからキリスト教系の新宗教であるクリスチャン・サイエンスの創始者、メリー・ベーカー・エディ（一八二一〜一九一〇）を好意的に紹介し、「『真理の黙念』ということによって病気を全癒せしめ、病気がほんらい神の創造ではなく、迷い、すなわち『無』の別名であるという証明をするのであります」と述べている。これは「心の中の磁石」「『類をもって集まる』の心の法則」と呼ぶ考え方に基づく（『生命の實相第1巻　總說篇／實相篇〈上〉』日本教文社、一九六二）。自分は「大生命の無限力」に生かされているという信念を持ち、ポジティブな感情に満たされていれば、「どんな不幸も自分の側を素通りして近づかず、幸福ばかりが引き寄せられて来る心的磁石となる」というものの見方だ。

そのため、病気をはじめとした人生苦は、ネガティブな感情という「磁石」を取り除けば改善されると考えている。宗教学者の島薗進は、谷口について「大正十三年から昭和四年までの足掛け五年間は、ニューソート的な信仰を身につけるとともに、それを従来の彼自身の思想と統合することに費やされた」と書いている。[*7] ラーソンも「生長の家」を「日本でのニューソート運動」と位置付けている（前掲書）。

中村天風は、人間には「無限の力」があり、それを生かすも殺すも「心の態度」だと主張し、「宇宙法則」に従うことで運命は変えられるとした。谷口雅春も、人間が「大生命の無限力」とつながっていることを前提に、「心の中の磁石」理論に合致した心を養うことで運命に対して不死身になると断言している。これは、心の働きを物理的なものよりも重要視する「唯心論」的な捉え方に親しんでいる日本の人々を惹き付けた。

日本における「足し算型」の自己啓発は、スマイルズ的な自助努力の精神から始まったが、やがて中村天風や谷口雅春といったカリスマ的な指導者を通じて、ニューソート的な世界観も進んで摂取するようになっていったのである。そうして日本の実業界に強烈なインスピレーションがもたらされた。

松下幸之助は、万物を創造した神として「宇宙根源の力」を説き、神社形式の「根源の社」を建立したことで知られている。「宇宙根源の力は、宇宙の秩序（法則）を通じて、われわれ人間に限りない繁栄を与えているのであって、私たち人間は、この宇宙の秩序に素直に順応すれば繁栄を得るし、これにそむけば、一時栄えるようなことがあっても、結局いろいろな障害が起こってきて、ついには行きづまるということになるのであります」と述べている。

――つまり、「宇宙根源の力」が中村の「宇宙霊」とほぼ同一の意味合いで使われ、「宇宙の秩序」への順応と「造物主の心持ち」への順応も同様であることが分かるほか、人間が「神の本質」と結び付いており、大いなる可能性を秘めていることなど、非常にニューソート的な「人間観」であることが読み取れる。

「宇宙の意志にうまく乗れれば、成功と繁栄が得られる」

だが、面白いのは、決して松下は、ニューソートだけに傾斜していたわけではなく、数多くの宗教や思想を渉猟していたことである。

例えば、松下の勤勉を重視する姿勢はフランクリンやスマイルズの系統であるし、松下が「自分の天分を生かした天職というか、そういう仕事についている人は、たとえ社会的な地位や財産があろうとなかろうと、いつも生き生きとした喜びにあふれ、自分の生きがいはここにあるのだという自信のもとに充実した人生を送ることができる」と語っている部分は、ヴェーバーの「天職」に近いものがある（ＰＨＰ総合研究所編『松下幸之助　若き社会人に贈ることば　自分の幸せは自分でつくれ』ＰＨＰ研究所、一九九四）。

そして、何より「労働は神聖であり、その聖職にあたっているのだという誇りから、労働それ自体も、より価値あるものになるというか、その能率、生産性も知らず識らずのうちに上がってくると思う」という聖職意識を尊ぶところは、日本の高度経済成長期から続く右肩上がりの経済にとって、非常に説得力のある考え方だったに違いない。仕事に対する献身的な姿勢と所得の増加が一致していたからだ。

『松下幸之助の哲学』（原題『ＰＨＰのことば』）が発刊された一九七五年当時は、戦後最長の好景気である「いざなぎ景気」を経験した直後であり、日本は世界第二の経済大国へと躍進した。所得水準の向上によって、いわゆる「新・三種の神器」（車、エアコン、カラーテレビ）が普及し、誰もが成長の果実を受け取ることができた。努力は必ずや報われるという考え方に疑問を持ちようがない驚異的な上昇気流に国全体が乗っかっていたといえるだろう。

一方、松下の後継世代に当たる稲盛和夫は、その代表作である『生き方　人間として一番大切なこと』（サンマーク出版、二〇〇四）で、「人生は心に描いたとおりになる、強く思ったことが現象となって現われてくる――まずはこの『宇宙の法則』をしっかりと心に刻みつけてほしいのです」と言っている。稲盛は、幼少時に『生命の實相』を「むさぼるように読んだ」と述懐しているが、「われわれの心の内にそれを引き寄せる磁石があって、周囲から剣でもピストルでも災難でも病気でも失業でも引き寄せるのであります」といった前述の「心の中の磁石」に特に感銘を受けたようである（『稲盛和夫のガキの自叙伝　私の履歴書』日経ビジネス人文庫、二〇〇二）。

加えて、稲盛が語る「宇宙の法則」は、やはり「宇宙根源の力」「宇宙霊」の別名なのである。

宇宙には、すべてをよくしていこう、進化発展させていこうという力の流れが存在しています。それは、宇宙の意志といってもよいものです。この宇宙の意志が生み出す流れにうまく乗れれば、人生に成功と繁栄をもたらすことができる。この流れからはずれてしまうと没落と衰退が待っているのです。（『生き方』）

すでに中村や松下のくだりで述べたが、このような法則性による神的なものの支配と、法則に従うことによる健康や成功の達成は、ニューソートの教義の核心にあるものだ。加えて、中村が主張する「運命も、健康も、自分の心の思い方、考え方で、良くも悪くもなる」という善因善果、悪因悪果の法則は、あえて言及するまでもなく引き寄せの法則のことであり、ポジティブ思考が良い結果を生み出すのは、それが「宇宙霊」「造物主」の意向に沿うものだからである。「心の思考作用」と「宇宙を司る宇宙本体の創造作用」が本質的に一つのものだという発想がその法則性の支柱となっている（『運命を拓く』）。

『夢をかなえるゾウ』は現代版『貧しいリチャードの暦』

現在も、このようなニューソート的な世界観は着実に受け継がれている。

日本においては、松下や稲盛に代表される労働の聖性、人格の向上というスマイルズ的なものとニューソート的なものを折衷した「足し算型」の自己啓発として独自に発展していった形跡がうかがえる。

例えば、二〇〇七年に発売され、八〇万部を超えるベストセラー（シリーズ累計四六〇万部）となった作家の水野敬也《けいや》による『夢をかなえるゾウ』（飛鳥新社）は、関西弁を話すインドの神様・ガネーシャが、主人公のサラリーパーソンの人生を変える寓話的な自己啓発書だが、そこで示される「靴を磨く」「トイレ掃除をする」「がんばった自分を褒める」などの課題（成功するための習慣）は、ヘンリー・フォードや松下幸之助、アンドリュー・カーネギーなどから寄せ集めたものである。これは、第3章で取り上げたベンジャミン・フランクリンの「貧しいリチャードの暦」と同じ手法を採用している。リチャード・ソーンダーズという架空の人物が富を得るための知恵を日訓として人々に語りかけ、それが爆発的にヒットした。架空の人物を登場させる点もそうだが、地味な努力や感謝の心など、人格的な面を重んじているところも共通しており、まさに現代版『貧しいリチャードの暦』といえる。

そして、ニューソート的な隠し味も加わっている。なかでも「今の自分にとって、夢をかなえることは奇跡や思えるかもしれん。でもな、自分はもう奇跡を起こしてるんやで。そんでその奇跡はな、『成長する』ちゅうことをあきらめへんかぎり、何べんでも起こせるんや」、あるいは「今自分が座ってる椅子も、目の前にある机も、手にしてる紙も、天井にある電球も、当たり前のようにそこにあるけど、全部自分を幸せにするために存在してくれとるんやで」（前掲書）という箇所は、「宇宙の法則」といった言葉が出てこないだけで「思考の現実化」と「無限の可能性」を示唆している。

「努力は必ず報われる」――スマイルズ的な勤勉と不屈の努力、その正当な作用としての成功と幸福獲得の物語は、その後、次章で触れるような日本の土着思想との融合を遂げるなど、実に多彩なバリエーションを生み出していくことになるのだが、ニューソート的な「心のあり方」とそれを支える普遍の法則とも共鳴し、世の中でそれなりの影響力を持つ人生観の一ジャンルとしてすっかり定着した感がある。

そこにもはやキリスト教の「神」や、中村や松下が説く「宇宙」、はたまた「量子力学」といった当世風のキーワードがなかったとしても、「努力に報いてくれる何か」が常に木霊していることにもっと注意を払うべきだ。場合によっては、その「何か」はむしろ細部に宿っているかもしれない。ちょっとした心掛けや行動の変化に伴うバイブレーションの一つひとつに霊妙な「何か」が分散され、日々の小さな積み重ねにこそ大きな変革を可能にするパワーが秘められているという考え方を強化しているのだ。「神（＝何か）は細部に宿る」である。

一流のアスリートたちを惹き付ける天風哲学は今も健在だが、それ以上に日本社会の隅々に還元されてしまった名もないニューソートの思考は、人々の労働倫理をはじめとした生き方を正当化する見えないピースになっているのだ。

＊1　中村天風とその足跡／中村天風財団（https://www.tempukai.or.jp/know/footprint）
＊2　宇野千代『天風先生座談』（二見書房、一九八六）
＊3　フィリップ・デスリプ（佐藤清子訳）「第三章　ウィリアム・ウォーカー・アトキンソン――別名、ヨギ・ラマチャラカ」（栗田英彦・塚田穂高・吉永進一編『近現代日本の民間精神療法　不可視な（オカルト）エネルギーの諸相』国書刊行会）所収

＊4　中村天風（なかむらてんぷう）―経営セミナー・本・講演音声・動画ダウンロード【日本経営合理化協会】（https://www.jmca.jp/prod/teacher/2010）

＊5　川上恒雄「松下幸之助と生長の家 石川芳次郎を介して」（『論叢　松下幸之助』第一三号、二〇〇九年一〇月）

松下幸之助が、生長の家の機関誌『精神科学』で、「私も、谷口先生のお話をこれまでに三、四回、聞かせていただいたことがあるのですが、その際にお問きしたことは、今日まで、陰に陽に参考になっているという気がする」と述べていたことなどを紹介している。

「動機善なりや、私心なかりしか」　稲盛和夫理事長インタビュー　京都大学こころの未来研究センター（http://kokoro.kyoto-u.ac.jp/jp/kokoronomirai/pdf/vol7/kokoronomirai-vol.7_10-31_2data%202-11.pdf）

当時、谷口雅春さんという方が仏教の教えの真髄をベースに、「生長の家」という新興宗教をおこしていました。それを母親が信仰し始めて、私も、そういう集まりに2、3回連れていってもらいました。これは私の結核を治そうという気持ちもあったんだろうと思います。

当時、隣にご夫婦が住んでいて、奥さんがきれいな人でした。その方が生け垣の向こうから、

「和夫ちゃん、気分はどう?」とか言ってくれるわけです。その奥さんも「生長の家」の信者で、「こんな本が出たよ」といって、縁側まで『生命の實相』という本を持ってこられる。それを貸していただいて、貪るように読んでいった。

宗教学者の鎌田東二は、それに対して「小学6年のときに、谷口雅春さんの本を読んで人生哲学を学んだ。ずいぶん早いですね」と応じている。(https://www.ritsumei.ac.jp/research/riprc/common/file/pdf/report/report_2022.pdf)

*6　大聖師の信仰と使命感に学ぶ／唐松模様／２０１３年６月17日（月）(http://masanobutaniguchi.cocolog-nifty.com/monologue2/2013/06/post-975d.html)

「雅春先生は昭和5年（１９３０年）の立教に先立って、書店でフェンウィック・ホルムズ氏の『The Law of Mind in Action』を偶然手に入れて読んだことが、生長の家の思想形成に大きな役割を与えたというのは、有名な話です」と回想している（谷口雅春は、同書を一九二五年〈大正一四年〉に『如何にせば運命を支配し得るか』のタイトルで翻訳し、実業之日本社から出版している）。一九四〇年（昭和一五年）に刊行された『人生は心で支配せよ』（日本教文社）で、谷口雅春は、「ホームズの"The Law of Mind in Action"を得て読んだとき、別著『新仏教の発見』に於て私が到達してゐた人間内在の大自在―本来の仏性を現実に成就する道に一つの行法を暗示されたのである。あるところの『大自在性』に転ぜしむる行法を発見せしめられたのである。と同時に、ホームズの思想はクリスチャン・サイエンスやニュー・ソートの流れを汲むものであったが故に、爰にはからずも仏教と基督教とを一つに一致せしめる道に大いなる示唆を得た」と記述している。

＊7　「第五部　新興宗教に見る仏と神　神と仏を超えて——生長の家の救済思想の生成」『岩波講座日本文学と仏教　第八巻　仏と神』（岩波書店、一九九四）

第5章　通俗道徳という「見えない宗教」

梅巖の死後、運動はしだいに成長し、ついに、十九世紀初期までには、日本全国に多数の心学講釈所ができた。それはおもに都市階級の人びとに訴えたもので、百年以上の間、何千人もの人びとが講舎へ押しかけた。しかし、この運動は、農民や武士の間にも浸透した。多くの日本の学者達は、この運動が、徳川時代における一般民衆の道徳に最大の影響を及ぼしたものの一つであったと考えている。

R・N・ベラー『徳川時代の宗教』(岩波文庫)

「自分は宗教を必要としない」という宗教

前章では、日本における「足し算型」の自己啓発に、中村天風や谷口雅春といったカリスマ的な指導者から、心の持ち方がすべてを決定するというニューソート的な世界観がもたらされ、今なお実業界や自己啓発書に大きな影響を与えていることを概観した。本章では、なぜ日本においてスマイルズの『自助論』や、物理的なものよりも心の働きを重視する「唯心論」的なニューソートが受容されたのか、その思想的背景について論じたい。

自己啓発と聞くと、わたしたちはつい最近の話だと思いやすい。もちろん、第3章で既述した通り、近代特有の自己啓発は明治時代が起点になっている。けれども、日本の場合、もともと庶民が親しんでいた道徳思想に接ぎ木のような形で外来の思想が移植された経緯がある。そのため、江戸時代にポピュラーであった考え方に触れておく必要があるのだ。

もうかれこれ五〇年ほど前のことになるだろうか。一九七〇年代のこと、評論家の山本七平は、講演を書き起こしたエッセイの中で、日本人が自分たちの文化を再把握できていない例として、宗教に対する次のような典型的な態度を挙げた。

あるキリスト教系の大学で、毎年新入生に実施している「宗教」に関するアンケート調査によると、いつも最大の比率を占める回答が「自分は宗教を必要としない。そういうものがなくても生きて行ける。しかし、だからと言って、否定しようとは思わない。弱い者や不幸なもの、また老人や女性には必要なものだろうと思う。だから、その点では理解もし、そういう人たちが何らかの宗教を信ずることに反対しようとは毛頭思わない。それはそれでよいと思う。しかし自分は必要としない」という考え方であった。しかも同時に、「自分がなぜそう考えるのか」という意識が皆無なことも特徴だったと述べた(『比較文化論の試み』講談社学術文庫、一九七六)。

このような回答をした者に対して、山本があなたの考え方は吉田松陰(一八三〇~一八五九)と同じものであり、日本の伝統的な思想に過ぎないと指摘すると、皆一様に驚いた顔をしたという。山本がその証拠として取り上げたのは、松陰が獄中から妹に送った手紙である。兄のことを心配し、安心立命のため法華経を読むように助言した妹に対して、松陰は、「自分はそういうものは必要としない、しかしおまえたち弱い女が、それを読むことは否定も非難もしない、それで安心立命が得られるなら大変にけっこうなことだ」などという返事を書いていたからだ。

本筋からやや外れることもあり、同書ではこれ以上の説明はないが、吉田松陰は幼少時から「石門心学」に馴染んでいた。妹への手紙でも「佛法信仰はよい事ぢやが、佛法にまよはぬ様に心學本なりと折々御見候へかし」と書き、神に願うより身で行う方がよろしいと締めくくっている（山口県教育会編『吉田松陰全集〈八巻〉』大和書房、二〇一二）。「石門心学」は、江戸時代の思想家、石田梅岩（一六八五〜一七四四）が創始した道徳・生活哲学であり、その教化運動を指している。朱子学を中心とした儒教に、神道や仏教などを加えて実践的な倫理を説いたもので、三徳「正直・倹約・勤勉」を重視している。

石田梅岩は、江戸時代の中期に活躍した町人出身の思想家である。

ひと口に江戸時代といっても二六五年間もあるが、彼が商家で職業生活を送った時期はちょうど経済的には停滞期に当たる。丹波国桑田郡（現在の京都府亀岡市）の農家の次男で、一一歳で京都の商家に丁稚奉公し、その傍ら独学で「石門心学」を確立した。四三歳の時に商家を辞め、四五歳で小さな私塾を開き、自説を唱え始めた。紹介も謝礼も一切不要の講座で、次第に人気を集めるようになっていく。

山本七平は、その人となりを「理詰め」で自分が納得するまで考え抜く「理屈者」で、

「伝統的倫理感による厳格な自己規制」の持ち主であったと評している（『日本資本主義の精神　なぜ、一生懸命働くのか』ＰＨＰ文庫、一九九五）。その上で、「梅岩の少年期から青年期にかけての時代は、一種の啓蒙主義的な時代で、多くの学問や思想が、仮名草子という形で広く民衆にまで浸透していった時代であり、これが『理屈者』で知的好奇心の旺盛な彼を刺戟したこともあるであろう」と追記し、「一言でいえば、彼は江戸後期の初めの庶民思想の中に生き、同時にそれをそのままに吸収していた、と言える」と指摘した（同前）。仮名草子とは、一般庶民向けの商業出版物のことで、教訓的なもの・実用的なものから娯楽まで幅広いジャンルがあり、国学者、漢学者、僧侶、文人や歌人などが書いていた。

中国哲学研究者の加地伸行は、「この心学は、ほぼ庶民の立場で儒教（主として朱子学や陽明学）について解釈したものである。道話（道についての話）と言い、わかりやすい例を出して話すので、多くの人が心学ファンになった」と記している（『沈黙の宗教――儒教』ちくま学芸文庫、二〇一一）。

つまり、梅岩は当時の庶民思想の体現者だったのであり、江戸後期は「心学の時代」とも呼ぶべき時期だったといえる。

民衆思想に共通していた唯心論的世界観

山本によれば、梅岩の世界観は江戸時代の多くの思想家と同じもので、「すなわち宇宙の秩序と内心の秩序と社会の秩序は一致しているし、また一致させねばならない、という発想」だという（同前）。それをワンフレーズに要約すると、「形は心なり」になる。

彼は、諸生物と同様に、人間は人間という形であるがゆえに、その生き方もまた、諸生物同様に定められたものであると考える。いわば、馬が草を食って生きるような形であるように、人は労働によって食をえる形の生物なのである。そして、馬がその形に従って生きることにより、宇宙の継続的秩序に従って自分たちが生きてゆける動物社会を形成しているように、人もまた、人の形に従って生きることによって、宇宙に即応する自らの秩序が形成されるのである。（『日本資本主義の精神』）

ここで注目すべきなのは、動物の生態を引き合いに出して「人は労働によって食をえる形の生物」と定義しているところである。では「人の形に従って生きる」とはどういうことなのか。それは山本が述べた「秩序」という言葉に表れているように、自分の欲しいままに振る舞ったり、無駄遣いをしたり、仕事を怠けたりするようなことをせず、いわば「人の鑑《かがみ》」になることなのである。

こうした梅岩の思想の根本にあるのは「正直」の心である。

歴史学者の源了圓《りようえん》は、「彼は、正直を人倫の基本であるとし、さらにそれを商業社会成立の基本条件であるとみなす。(略) この正直の徳と分かちがたいものと考えられたのは倹約の道であった」と述べ、「正直と倹約の重視は、カルヴァン(一五〇九〜六四)やフランクリン(一七〇六〜九〇)においても資本主義の精神の重要な要素として強調されているところであるが、梅岩における『倹約』は、普通そのことばによって予想される以上の深い意味をもたせたようなものである」と主張した(『徳川思想小史』中公新書、一九七三)。すなわち倹約は、「たんに物を節約するのではなく、物を生かすことであるとともに、さらには人を生かすこと、という意味を持っている」(同前)というのだ。

では、その倹約を可能にする「正直」は一体どこから出てくるのか。

梅岩は、誰でも生まれながらに「正直」が備わっていると考える。山本はそれを「本心に対する正直」という意味であり、本心とは欲心(欲深くむさぼる心)がないことという(前掲書）。呼吸を例に挙げて梅岩が説明しているが、「本心」とは自然の秩序と一致する「心」のことを指しており、これが人間の本性は善という発想につながってゆく（山本七平『勤勉の哲学　日本人を動かす原理』ＰＨＰ文庫、一九八四）。まるで神学論争に似た雲を掴むような話だが、これが「心学」と称される所以である。

歴史学者の安丸良夫は、「こうした唯心論的世界観は、民衆的思想に共通していた」とし、『心性』の哲学は、極度に唯心論的な形態においてではあるが、人間の無限な可能性を主張するものだった」と述べている（『日本の近代化と民衆思想』平凡社ライブラリー）。唯心論とは、「世界の本質は、心の働きにあると考え、物質的な存在よりも優位に置く立場」のことである。梅岩は、神の実在を固く信じる護教論と似た、心の実在を疑わない護心論のようなものを書き記したといえるだろう。これは、明治の御一新を境に始まる自己啓発の前夜を考える上で、非常に示唆に富む分析になっている。

まず、仮名草子のような現在の一般書籍に当たるものを通じて、市井の人々は梅岩的な倫理観にあらかじめ親しんでいた。それは一種の道徳教のようなものであり、本来的に善である心を開花させる生き方のモデルであった。

封建制を超える自由な近代人を準備した

このような啓蒙的な潮流が近代日本の構築に大きな役割を果たしたといわれている。

安丸は、「より重要なことは、こうした唯心論が民衆の通念・通俗道徳を再編成してそれに世界観的な基礎づけと統一性をあたえ、そのことを通して実践主体としての人々の内面に信念と積極性をひきだしたことである」と述べている。曰く「『心』の哲学は、封建的な身分制の具体的認識や批判においてはほとんど無力だったが、広汎な民衆に精神的な劣等意識とそれにともなう受動性や消極性を克服させるというてんでは、きわめて強力だった。『心』の無限性・絶対性の主張が、民衆の日常的生活活動の場にかぎりない信念や積極性をひきだした」と(同前)。

江戸時代において梅岩の思想は、身分制社会に肯定的で、体制的なものを強化するものであったが、安丸のいう「『心』の無限性・絶対性の主張」を踏まえると、むしろ封建制の枠内を超える自由な近代人を準備したといえる面があった。それは努力を惜しまなければ、どんな事業も成し遂げられるという可能性を正当化し、「心のあり方」がすべてを決定するという思想の普及を後押しした。

当然ながら『心』の無限性・絶対性の主張」を徹底すれば、場合によっては身分を飛び越え、体制の秩序とぶつかることが起こり得る。そうでなくても、物も人も生かすことを至上命令とする「倹約」は、最終的には既存のシステムよりも合理性を優先するポテンシャルを秘めている。ひょっとすると梅岩にとってこのような帰結は、予期せぬ副産物であったかもしれない。

これまでの論述につなげると、「労働」＝「善」＝「社会の秩序」＝「宇宙の秩序」となり、この世界観に沿って生きるための行動指針＝「形」が三徳「正直・倹約・勤勉」となる。このような常時参照すべき規律と、それを内面化した人々による社会形成が進んだタイミングで、日本における近代化が急ぎ足で行なわれたのであり、その逆ではない点に注意が必要である。すでに江戸末期の段階で近代人に相応しい行動様式が出来上がっていたと言っても過言ではない。梅岩的な庶民思想は、今では珍しくない「自ら内省し訓育する精神」をワインのように長い年月をかけて醸成したのであった。

近代の夜明け前から三徳「正直・倹約・勤勉」が広く実践されていたことは、スマイルズの『自助論』を受け入れる絶好の素地になったことは間違いないだろう。

スマイルズは「われわれ一人ひとりが勤勉に働き、活力と正直な心を失わない限り、社会は進歩する」と言ったが、これは梅岩の、「本心」に従って生きていく限り「宇宙の秩序はそのまま人間の秩序となり、同時に社会の秩序ともなって、社会には何の問題も生じないはずである」(『勤勉の哲学』)という考え方に近い。梅岩の場合は、進歩というより継続に重きが置かれているが、自制心を持って労働に励むことが社会全体の安定につながるという点で両者は共通している。

また、『自助論』には「正直に金を稼ぐとは、誘惑に負けず努力と勤勉で望みを果たすことにほかならない。金を倹約して使うというのは、すぐれた人格者の基礎となる資質、すなわち分別や先見性や克己心を備えている証拠だ」とある。他方で梅岩は、「欲を離れさえすれば人間は一等なり」と述べており、自己抑制的な振る舞いがその人間の品性を決めるという位置付けである。山本も「梅岩のいう倹約とは、いわば自制の倫理であり、同時にそれが斉家、すなわち商家という企業体の秩序の基本であるという考え方である」(『日本資本主義の精神』)とし、浪費や贅沢を否定したとしている。労働倫理に関わる多くの部分で、スマイルズの主張と整合性があることが分かるだろう。プロテスタンティズムと儒教というベースの違いはあるものの、それを超えて、社会の継続性と理想の人間像が追求されていることに目を向ける必要がある。

「心学の時代」と「修養の時代」は地続き

自制の倫理としての倹約は、農学者で教育者でもあった新渡戸稲造（一八六二～一九三三）の「身を修め、心を養う」（人格を磨いて自己を向上させること）という「修養」の思想にも継承された。

そもそも「倹約の事を得心し行ふときは、家とゝのひ国治り天下平なり。これ大道（天下国家を治める道）にあらずや。倹約をいふは畢竟身を修め家をとゝのへん為也」と『倹約斉家論』（一七四四）で述べたのは梅岩である。教育学者の西平直《にしひらただし》は、「身を修めた者が天下国家を治める。修養はよき統治者のための必要条件である。そうした大前提が儒学思想には共有されていた」と指摘し、続けて、「修養は『道徳 moral』と重なる。しかし社会倫理ではない。外的規範ではなく、個人の倫理的実践である。『自らを高めたい』と願う個人の『工夫（意欲・期待・努力）』である。稽古のように『技芸』を通して人格を磨くのではない。修行のように日常から離れることもない。誰もが暮らしの中で修養し人格を磨くことができる。庶民道徳なのである」と明確に述べている。[*1]
新渡戸には、心学的な「天」に相当する「人間以上のあるもの」との関係を持たなければならないという認識があった。それを新渡戸は「ホリゾンタル」（水平線的関係）と「ヴァーチカル」（垂直線的関係）に分けて説明している（『修養』一九一一、角川ソフィア文庫、二〇一七）。
「人間と人間との関係以上というと、何だか耶蘇《やそ》教〔キリスト教〕の神らしいことになる、しかし僕は必ずしも神と限るのではない。仏教の世尊《せそん》でも、阿弥陀でもよい、神道の八百《やお》万《よろず》の神でも差し支えない」「ただ人間以上のあるものがある。そのあるものと関係を結ぶことを考えれば、それでよいのである」と。その上で「この縦の関係を結び得た人にして、初めて根本的に自己の方針を定めることができる」と明言し、「天職を立派に遂行することができるであろう」としている（同前）。まるで梅岩とフランクリンを足して二で割ったような物言いである。
加えて「心の欲するところを行うても程度を越えぬ。これは克己の最上であろうと思う」「一般公衆の善とするところと、己の利とが別なものでない」（同前）という前述の「本心」の概念と重複するような記述がみられる。「本心」は、社会秩序の維持と矛盾しない公共善的なもの、無私の精神といえるからだ。

倹約への言及では、「人が貯蓄を始めるのは、一にはその人に先見の明があるや否やを示すものである」「自分の元気を失わずして養老のことを考えるは、進歩した思想である。いたずらに財を貪るものとは趣が違っておる」と述べ、貯蓄には金銭、体力、知識、精神的勢力の四つがあると自説を展開。「破廉恥的の吝嗇《りんしょく》は感服せぬが、吝嗇にならぬ程度において、貯蓄の心がけあるものは頭脳が綿密で、後日必ず有益な国民の一人になる」（同前）と断言している。貯蓄が金銭的なものに限らないという新渡戸のスタンスは、梅岩の倹約概念に接近するものである。

思想史学者の武田清子《きよこ》は、明治時代後半から大正時代にかけて「修養」が大衆の関心を集め、思想強化運動として力を持つに至った時期を「修養の時代」と名付けた。[*2]

梅岩の思想が庶民に広く支持された江戸後期の「心学の時代」と、新渡戸に代表される思想家が影響力を強めた明治後期以降の「修養の時代」とは、思想の系譜としておそらく地続きになっている。ともに自己抑制と人格の向上が目指され、国家や体制に順応的であることが強く意識されていた。

これは当然といえるかもしれない。西平が「明治期修養論の歴史的源泉は江戸期の雑多な

『通俗道徳』にあった」「明治期の修養論者たちは『修養』から江戸期の儒学的色彩を消し去ろうとした」（『修養の思想』春秋社、二〇二〇）と述べたように、『自助論』ブームだけに焦点を合わせて日本の自己啓発史を眺めてしまうと、この連続性が見えなくなるのだ。通俗道徳を古民家に例えるならば、貴重な無垢材を使った柱や梁を活かしながら、内装材を西洋風の装飾で刷新する一種のリノベーションであり、それが「修養」と名付けられることによって新たな命を吹き込まれたに過ぎない。

新渡戸に代表される「修養」は、西洋化された通俗道徳とでも呼ぶべきもので、近代日本の新しい市民宗教のようなものとして受容されたのである。[*3] そこには立身出世という当時の社会的成功のひな型を正当化する機能があり、何が良い生き方かを詳らかにする実践哲学であった。

日本の自己啓発の最深部にある市民宗教的なもの

それでは、もう一つの外来思想であったニューソートとの関係はどうだったのだろうか。

人間がもともと天地自然と一体で善なるものであるとする「天人合一」の思想は、「人間の心は宇宙と直結している」とするニューソートと親和性が高いように思える。
梅岩の『都鄙問答《とひもんどう》』（一七三九）を読解した教育史学者の石川謙は、そのエッセンスを次のように適切に要約している。

天は自然（無心）でありますが、それでいて、万物を産みそだてる働きを持っておりまして、この点から見ますと、万物に活きて働く方向を指示する理念でもあります。したがって、実在ながらに規範でもある天は、理とも性とも道（天道）とも呼ぶことができましたが、それが人間なり、万物なりに住みこんで、万物相互、人間相互、人間と万物との間に交渉、接触がおこるに及んで、心となって現われるのであります。だから心は、一方では天につながり、性につながりながら、他方では人間や万物やの形に規制せられ、お互い同士の交渉、接触にひかれる。（『石田梅岩と『都鄙問答』』岩波書店、一九九三）

天が「自然（無心）」であり、かつ「万物に活きて働く方向を指示する理念」であること、心が「天」につながっていることなどの部分は、「非人格的な神の力が万物に働いている」「人間はその神の本質のうちの一つの表現である」というニューソートの世界観とおおむね一致している。

前出の安丸は、梅岩に彼岸思想の要素、つまり来世における救済が欠けているとしたが、これもニューソートの特徴と重なる。「梅岩や尊徳は、『極楽』という言葉を比喩的に解して、人間の心を変革すればこの世に極楽ができるのだと説明した」（『日本の近代化と民衆思想』）からだ。これはラーソンの定義における「天国と地獄とは心の状態であって、未来において霊魂が引き渡されるかもしれない物理的な場所ではない」（『ニューソート』）と見事に照応している。既述の「唯心論世界観」「『心』の無限性・絶対性」と、ニューソート的な「無限の可能性」に満たされた人間というイメージが、東西の垣根を越えてさほど矛盾なく同居するのである。「実在ながらに規範でもある天」は、ニューソートの理神論的な法則性と似ており、心次第、思考のあり方次第で自己変革は可能という点で共通している。

そして、繰り返し強調しておきたいのは、ニューソートという外来の思想にとって、日本という国は、移植先としてあまりにも理想的な土壌であり、しかもまったく意図せずしてその土壌を形成していたという事実である。もともと通俗道徳は、唯心論的な人生観を持っているという意味において、ニューソート系の人々の言説を受け入れやすかったといえる。

わたしたちはキリスト教に代表される西洋的な神、世界を創造して統治する神の実在を信じないが、自分の心の実在を信じているところが多分にある。山本の言葉を借りれば、「『本心』の存在を信じていない日本人はいないのである」（『日本資本主義の精神』）。試みに国語辞典を調べてみると、「心」から始まる言葉は六三〇もある。[*4] リアリティを感じないものにこれほどの数の表現を尽くすことはちょっと考えづらい。

とりわけ心学の残響と考えられるのが、様々な宗教や経典などを自分の都合に合わせて採り込む断章取義の態度、良くいえばプラグマティックな側面である。梅岩は、神道、儒教、仏教や老荘などをすべて「心の磨種《とぎぐさ》」とみなしていた。つまり、それらの英知に触れることで自らの心を善なるものに近付けていくことが主な目的なのだ。この場合、神の教えが絶対的な拘束性を持つようなことはなく、あくまで「自分の心」が絶対的なものとなる。そのため、各種の教義や聖典などは人間の本性を知るための材料でしかない。だから「磨種」なのだ。西洋における神と人の主従関係が逆転したものといえるかもしれない。

安丸は、通俗道徳における「心」の哲学は、自己変革の論理としては極めて強力だったと述べている。『「心」の哲学を世界観的なよりどころとすることによって、広汎な民衆が民俗的世界の生活習慣を克服し、禁欲的な生活規律の樹立へとむかった」（『日本の近代化と民衆思想』）と。体制の枠組みに順応しつつ、自己を鍛錬すること——それは経済的な上昇と道徳の涵養と人格の陶冶が混然一体となったものである。これこそが日本における自己啓発の地層の最深部にある思想であり、いわゆる「自分磨き」の原点とも言い換えられるものである。わたしたちの日々の生活において努力を〝足す〟ことの重要性を下支えする世界観として、今も世間に深く根を下ろしている市民宗教的なものの残滓《さんし》といえるだろう。

＊1 「修養の構造―翻訳の中で理解される日本特有の教育的伝統―」、『教育学研究』二〇一九年八六巻四号所収

＊2 武田清子「解説」、『新渡戸稲造全集』第七巻、教文館、二〇〇一

＊3 ジャン＝ジャック・ルソーは、「市民の宗教」「市民的宗教」の教理について、「単純で〔項目の〕数が少なく、説明や注釈なしできちんと言いあらわせるものでなければならない。つよく、かしこく、親切で、先見の明あり、めぐみ深い神の存在、死後の生、正しいものにあたえられる幸福、

悪人にくわえられる刑罰、社会契約および法の神聖さ。これらが、この宗教の肯定的教理である」と述べている（『社会契約論』桑原武夫・前川貞次郎訳、岩波文庫、一九五四）。神を「天」もしくは「本心」に、死後の生を後述する「比喩としての極楽」に置換してみると別様の姿が浮かび上がる。

＊4　現代日本語をはじめ、カタカナ語、古語、専門語、故事・慣用句など三〇万九〇〇〇語以上（二〇二三年一〇月現在）を収録した『デジタル大辞泉』（小学館）より抽出した。

III

終わりなき自己啓発

未来

第6章　『自助論』――一五〇年の誤読

「題名どおり、自分を助けるっていうことを唱えている本。ようは自分を助けることができるのは自分だけだと。すっごくいいよ[*1]」

本田圭佑

忘れられた「共助」の重要性

「近代日本資本主義の父」との異名を持つ渋沢栄一をはじめ、数多くの実業家を突き動かしてきた『自助論』。同書の自己啓発の歴史における重要性は、第3章で詳しく触れたが、実は著者のスマイルズが自助と共助をセットで考えていた原著の精神は長らく軽視されてきた。

この致命的な〝誤読〟を最初に指摘したのは、ノンフィクション作家の宮崎学であった。宮崎は『「自己啓発病」社会』(祥伝社、二〇一二)でこう述べている。『自助論』礼賛者は、みんな竹内均の抄訳を材料にしており、だいたいが全訳を読んでいないらしいか、読んでいても、竹内訳では削られているいくつもの大事な点に触れる者はいない」。本書でも最も知られている三笠書房刊の『自助論 「こんな素晴らしい生き方ができたら!」を実現する本』から引用したが、「抄訳」とは、原文の一部を随意に抜き出して翻訳することをいう。児童向けの文学全集などでよく見られる構成である。書店の新刊コーナーに並ぶ翻訳書でも価格を抑えるために分量を減らしたり、読解力が必要になる難解な個所などをあえて削ったりする例、読者層を広げるために古典をコンパクトに再編集する例などがある。

宮崎が挙げる「いくつもの大事な点」とは、スマイルズが「自助は利己ではない」「自助と相互扶助が一体である」という意味のことを原著の「原序」で明言しているところだ。確かに抄訳版では、スマイルズ自身による序文は省かれている。しかも、その序文の狙いは、「一言を述べて、読者の誤解を防がざるを得ず」と記したように、読む前に注意してほしいポイントを簡潔に伝えることであった（『西国立志編』以下同じ）。

とりわけ「第一版序」にある『自助論』を著すきっかけとなったエピソードは、そもそも「自助に共助が含まれている」ことを示唆している。スマイルズは、この本を書く一五年前のこと、貧しい労働者の若者たちから夜学で講義をしてくれないかと依頼されたという。その夜学は、工場の職工として働いている数人の少年たちが学問を修め、知識を得るために自前で場所を借り、机などを用意して始めたものだった。口コミで同志が大勢集まり、一〇〇人を超える規模にまで膨れ上がるほどになった。その様子はといえば、「朋輩中、少しく知る者は、己より知らざるものを教え、みずから修め善くする間に、他人を修め善くし」「この少年相互いに、読書作文、算術地学を、あるいは教え、あるいは学び」といったように、すでに知識を得た者が知識のない者をフォローし、作文や算数などを指導したり、逆に指導されたりする協同的な営みとともにあった。

つまり、スマイルズのいう自助とは、同志的なつながりを前提にしたものであり、その中で切磋琢磨していくことが含意されていた。しかも、「人なるものは、品行を高尚にすべし」という言葉を「最要の教え」と書いたように、その中核には成功すること以上に人間性の向上が重視されていたのである。

社会関係資本が乏しい者ほど自力解決を強いられる

けれども、『自助論』が日本に輸入されてしばらくすると、この切磋琢磨と人間性向上の精神は見事に漂白され、第3章で述べた通り、個人がひたすら「勤勉と努力」に投資すれば、リターンとして「成功と幸福」が得られるというふうに単純化された。共助の側面はほとんどそぎ落とされ、「天は自ら助くるものを助く」だけが独り歩きをし始めたのである。

この歪みが日本の自己啓発の方向性を決定したと言っても過言ではない。

教育社会学が専門で、日本の立身出世主義に関する著作も多い社会学者の竹内洋は、諸外国と比べて日本で『自助論』がかなり長い間読まれていたことを「不思議な現象」と述べた上で、「この本の大正時代以後の読者たちのかなりは受験生だった。努力と勤勉、忍耐の受験的生活世界の物語に生きた受験生には『セルフ・ヘルプ』は古びた倫理ではなくて極めてリアルだったから」と結論付けている（『立志・苦学・出世　受験生の社会史』講談社、一九九一）。

しかし、現在まで連綿と続く経営者や著名人への影響力、ましてや誤読された『自助論』のエッセンスがネット上で拡散され、今なお称賛されている状況を踏まえると、抄訳版『自助論』は、スキルアップやリスキリングが求められる現代にこそ「極めてリアル」に感じられるようになっているのではないだろうか。

このような視点から参考になるのは、大ヒットした日本映画『花束みたいな恋をした』（二〇二一＝以下『花恋』）とその内容に対するリアクションである。

物語は、山音麦《やまねむぎ》（菅田将暉）と八谷絹《はちやきぬ》（有村架純）の恋愛、同棲生活を軸に進む。大学生のときに共通の本や音楽を通じて仲良くなった二人が、社会人になって以降少しずつ溝が深まっていく様子を描いているのだが、具体的には、イラストレーターの夢を諦めて生活のために物流会社の営業職として就職し、過剰適応気味になっていく麦と、最終的に夢を捨て切れず自分の趣味に合うイベント会社に転職し、生き方を模索し続ける絹の断絶が中心になっている。

ネットで話題になったのは、麦が疲れ果てていてソーシャルゲームの「パズドラ」（パズル&ドラゴンズのこと）ぐらいしかできないと絹に話すシーンや、自己啓発書にハマっていく麦の姿などだった。特に絹が麦に勧めた小説『茄子の輝き』（滝口悠生著、二〇一七）と、麦が立ち読みしている『人生の勝算』（前田裕二著、二〇一七）の対比は、見て見てと言わんばかりの露骨な描写であった。だが、このような表面的な違いはまったく本質的ではない。

最も重要なことは、この二人の周辺に共助的な関係性が皆無なことである。

遠景に家族、職場の上司や同僚といった仕事上の付き合いはあるが、スマイルズが自明のものと考えていた「互いに助け合う仲間」はどこにもおらず、終始孤立しているのだ。そのため、なおさら二人のやり取りが息苦しいものになるのである。そもそも、趣味か仕事かの二分法自体が間違っているし、ロールモデルがあまりにも貧弱過ぎるのだ。しかしながら、この貧弱さには、彼らを取り巻く関係性の狭さ、わたしたちの社会が抱えているコミュニティやネットワークの衰退が非常に大きく関わっている。

近年、人々の関係性やつながりの豊かさを表す「ソーシャル・キャピタル」（社会関係資本）という概念が使われるようになってきた。これは率直にいえば、自分の人生に継続的に関心を寄せてくれる人々がどの程度いるのかということである。かつて社会学者のリチャード・セネットは、コミュニティや友人関係がその場限りのものとなり、長期的に見届けてくれる人がいなくなりつつある現状に重大な懸念を示した（『それでも新資本主義についていくか　アメリカ型経営と個人の衝突』ダイヤモンド社、一九九九）。第一義的には尊厳の問題に直結するからだ。

いうまでもなく人間は社会的な存在であり、身近な人々からの承認によって自分自身を価値ある存在だと思えるようになっていく。これはソーシャル・キャピタルが乏しければ乏しいほど、周囲からのサポートを期待することができないため、純粋に自力で解決することを強いられることを意味してもいる。

原子化された個として生きざるを得ない人々にとって、自助努力しか頼れない世界観は「極めてリアル」なものになるのである。

三つのコミュニティを意識的に構築しなければならない

ネットで論評されていたように、『花恋』の二人を「イタい」と嘲笑《あざわら》うのは容易《たやす》い。

けれども今や家庭や職場以外に自尊心のベースとなる人間関係やつながりがある者のほう

が少ないのではないだろうか。二〇二一年に話題になった『夫は成長教に入信している』（講談社）というマンガも、この点で『花恋』と同じ問題を共有している。スキルアップやコスパ（タイパ）に囚われ、休息や健康を顧みず、仕事を通じた成長に没頭する「成長教」に身を捧げている夫を、妻の側からアイロニカルに描いた教訓話なのだが、『花恋』同様に主人公の孤立ぶりが際立っている。

そもそも会社以外に何らの人間関係がないことが真因なのだ。これは日本的『自助論』の歪みに引きずられているところがある。つまり、本来共助があってこその自助であるにもかかわらず、社会的に孤立した状態で必死に自己変革を図ろうとするのだ。『花恋』の二人の接近が共通するカルチャーの消費であったことは暗示的である。頑ななまでの消費者的なライフスタイルこそが、ソーシャル・キャピタルの少なさと表裏であることが推測できるからだ。『花恋』の二人は、『成長教』の夫婦ともども都会に浮遊する根無し草なのであり、実質的にコミュニティを持っていないのである。そう、これはわたしたちの自画像でもあるのだ。

第８章で改めて触れるが、「人生一〇〇年時代」の提唱者として著名な組織論学者のリンダ・グラットンは、テクノロジーの進化や長寿化などに対応するため、個人にとってコミュニティの存在が重要になることを訴えている（『ワーク・シフト　孤独と貧困から自由になる働き方の未来図〈2025〉』プレジデント社、二〇一二）。

グラットンが示しているのは、三つのコミュニティだ。「ビッグアイデア・クラウド（大きなアイデアの源となる群衆）」の土台となる巨大なオンラインコミュニティと、専門知識に関するアドバイスと支援を与えてくれる比較的少人数のブレーン集団「ポッセ（同じ志を持つ仲間）」、情緒面の支えと安らぎを与えてくれる人間関係「自己再生のコミュニティ」である。

これは、スマイルズの真意を汲み取った自助＝共助モデルの現代版といえる。グラットンによれば、個人が持ち前の能力をそれぞれ発揮し、心身の健康を維持していくためには、この三つのコミュニティを意識的に構築しなければならない。それによって知的刺激や創造性、充実感がもたらされ、動機付けや活力が得られるからである。スマイルズの時代とはだいぶ様相は異なるが、まさに共助ありきの自助なのだ。

このような考え方は、続編といえる『LIFE SHIFT（ライフ・シフト）』（東洋経済新報社、二〇一六）や『LIFE SHIFT 2　100年時代の行動戦略』（同、二〇二一）にも引き継がれている。前者では「活力資産」「無形の資産」などと新たな概念に包括されている。後者では「実りある人間関係は、私たちが人として開花するための土台を成すもの」と述べ、豊かな人間関係を紡ぐ社会的発明の必要性を強く主張している。

仮に、「引き算型」の自己啓発のように、人生にサクセスストーリーは不要で、普通に生きていければ御の字という人々であっても、下層に転落しないためにはグラットンのいうコミュニティは最低限必要になる。それは次章以降に論じる幸福な人生を歩むための行動変容において、人間関係を避けて通ることはできないからである。

幸福と人間関係についてもう少し補足すると、ここ数年、共助的なコミュニケーションの必要性を裏付ける「ハーバード成人発達研究」の結果が、ウェブメディアなどで頻繁に取り上げられている。このハーバード大学が進めている史上最長の追跡調査で判明したのは、人々が幸福で健康的な人生を送る最大の要因が「良好な人間関係」であったからだ。

研究を主導している心理学者のロバート・ウォールディンガーとマーク・シュルツは、同研究以外の多くの成果を踏まえた上で、「よい人間関係を育むほど、人生の浮き沈みを切り抜け、幸せになれる確率も高まる」「他者との交流の頻度と質こそ、幸福の二大予測因子である」と結論付けた（『グッド・ライフ 幸せになるのに、遅すぎることはない』辰巳出版、二〇二三）。

グラットンやウォールディンガーらの知見は、「足し算型」であろうと、「引き算型」であろうと、関係性のマネジメントが必須になる現代的な状況を示している。「良好な人間関係」が贅沢品になればなるほど、同種の研究結果は脚光を浴びざるを得ない。

自己啓発は人間関係なしで活力を得る思想か

これは、究極的には個人が自らに手で心理的ケアを得られる関係性を作らなければ、人生に襲い掛かってくる数々の試練を乗り越えられない社会になりつつあることを意味している。なぜなら、地域や企業といった、半世紀前であれば自動的にコミュニティの恩恵を与えてくれた土壌は、今や地割れだらけの荒れ野になっているからだ。こちらから何も働きかけなければ、孤独と孤立という旱魃はみるみる進行し、心の潤いが枯渇してしまう世界になったのである。

けれども、誤解された『自助論』は、誰の助けも借りずに黙々と刻苦勉励《こつくべんれい》し、節約・節制といった生活態度を身に付け、あたかも無から有が生まれるかのように、自信や情熱の元となるエネルギーすら独力で産出されている印象を与える。

例えば、自己肯定感に関するマニュアル本は自己完結型のものが多い。自分が抱えている不安を紙に書き出し、その内容が本当に適切かどうか距離を置いてみるとか、鏡に映った自分を褒めてあげるとか、朝起きたらテンションが上がる曲をかけるとか、部屋を片付けるとか、美味しい食事をするとか……やる気や気分といったメンタルケアも自分でどうにかするという方向性である。『自助論』のエッセンスとして受容されてきた思考は、これと非常によく似ている。

もちろん、自己の認識を修正する必要性は理解できるものの、これはインスタントな弥縫《びほう》策《さく》でしかない。「良好な関係性」の欠乏を、あり合わせのもので補うような振る舞いに見えるのだ。本当はエンパワメント（湧活）してくれる援助者の存在こそが必要だったりするのである。

このような視点に立ってみると、多かれ少なかれ自己啓発のテクニックは、本来は人間関係から得られるはずの活力を人工的に創出しようとする試みともいえる。「引き算型」の自己啓発における幸福度の向上という側面においてもこの構図はまったく変わらない。生きやすくするために「考え方を変える」とは、緩衝材としてのコミュニティが不在であるがゆえに、自己の脳を緩衝材として機能するよう手を加える、という転倒した解決策であることが見えてくる。

豊かなコミュニティやネットワークが希少財になっている世界において、前向きに生きていくための心理的なリソースの調達はますます困難になるだろう。どのような自己啓発にも何らかの人間関係が不可欠になる場面がある。ビジネス書を読むよりも、ロールモデルに相応しい人物と接点を持ったほうがいいかもしれず、瞑想をするよりも、元気をくれる知り合いとお茶でもしたほうがいいのかもしれない。孤立無援では早晩行き詰まるのは目に見えている。[*2]

ひろゆき的な居直り戦略においても、グラットン的な積極性は求められる。「スキルアップせよ」「成長せよ」というプレッシャーとは無縁の居心地の良い職場や、比較的楽に稼げる仕事はその辺に転がってはいない。また、そのようなライフスタイルを維持するための有益な情報や知識、労力や資力をシェアする人々の輪の中に入ろうとするのであればなおさらである。要するに、自分にとって最適なコミュニケーションを見極め、設計するという姿勢が鍵になってくるのだ。

グローバルとローカル、デジタルとアナログ、といった多元的な要素を踏まえた共助が不可避になっている現実を直視しつつ、自助の思想をアップデートしていく賢明さが必要とされているのだろう。

わたしたちは絶海の孤島などではない。

＊1　本田圭佑が語る。カッコつける理由、「嫌なこともやる」、『自助論』。／２０２０年6月21日／Sports Graphic Number Web (https://number.bunshun.jp/articles/-/843863?page=4) (https://number.bunshun.jp/articles/-/843863?page=5)
スポーツライターの木崎伸也は、インタビュー中、本田から「最近読んだ本で印象に残ったものはありますか？」と逆に質問され、返答に迷っていたら、「サミュエル・スマイルズっていう作家を知ってます？　彼が書いた『自助論』という作品。最近読んだ中では、一番良かったかな」と話したことを記している。さらに冗談っぽく「もし原稿の最後に2行くらい余ったら、マコ（長谷部誠）やユウトの本もいいけど、『自助論』もいいよって書いておいてよ」と付け加えたとも

述べている。このエピソードからかなりお気に入りの本であることが分かる。

*2 日本の立身出世主義について、社会学者の見田宗介は、「〈中央〉(都、東京!)志向すると同時に、〈家郷〉(母、ふるさと!)を志向する」準拠集団の両極性をその特質として持っていたと述べ、「〈中央〉での立身出世に〈家郷〉のつながりが利用され(「電信」、縁故、手づる、つて、コネ!)またぎゃくに〈家郷〉の承認と賞賛をうる道として、〈中央〉での立身出世が追求された」としている(『現代日本の心情と論理』筑摩書房、一九七一)。ここにおける準拠集団としての家郷は、心理的なリソースとしてのコミュニティやネットワークという観点から捉え直すことができるだろう。

第7章　終わりなき「自分磨き」へようこそ

脳の命令とは創造主の命令と考えられます。では創造主が何を意図しているか。それを医学的な見地からみていくと、結局は自己実現を目指しなさいということに帰着します。

春山茂雄『脳内革命』（サンマーク出版）

大切なのは変わるのを恐れることではない。変わるのに慣れることだ。誰でも脳をちょっといじれば、簡単に変われる。

鶴見済『人格改造マニュアル』（太田出版）

スピリチュアルからエビデンスへ

脳と心はその気になればコントロールできる――しかも、それが成功や幸福に結び付くといった考え方が一般社会にリアリティを持って迎え入れられる素地を作ったのは、異例のベストセラーになった『脳内革命　脳から出るホルモンが生き方を変える』（サンマーク出版、一九九五）だろう。

四〇〇万部を超える大ヒットとなり、歴代ベストセラー七位になったという数字上の達成も目を見張るものがあるが、それ以上に「脳ブーム」の火付け役になるとともに、現在まで続く脳科学をベースにした健康ブームの先駆けになったことが重要な点である。

それまで似たような本がなかったわけではない。八〇年代から九〇年代にかけて「大脳生理学に基づく能力開発」「脳が良くなる食べ物」などといったテーマ設定で、具体的には「ビフテキで子供の頭を良くする法」「楽観的に生きれば、脳はますます活性化する」「人は『快』に従うことで健全に生きられる」などの謳い文句を並べた医師や実業家による著作が出版されていた。[*1]ではなぜそれらは商業的に化けず、『脳内革命』は化けたのか。おそらく前述のリアリティが大衆化するにあたってまだ機が熟していなかったこともあるが、「脳内モルヒネ」という分かりやすいパワーワードが打ち出されたことが大きかっただろう。

著者の春山茂雄は同書で、脳内の神経伝達物質の一種であるβ-エンドルフィンなど、人間に快感をもたらす約二十種類のホルモンを「脳内モルヒネ」と総称し、それが分泌されると免疫力が向上し、がんなどの病気を防ぐ効果があるということを説いた。その上で、「プラス発想」「運動」「食生活」「瞑想」が日々の生活で大事になると主張した。春山は現役の医師であり、当時は田園都市厚生病院の院長だった。春山のアドバイス自体は目新しいものではなかったが、「脳内モルヒネの出し方次第で人生が変えられる」というメッセージは、意志力に比重が置かれたこれまでの自己啓発の概念を塗り替えるものであり、パラダイムシフトと言っても過言ではなかった。

ただし、当然ながら反発もあった。エビデンスに乏しい、科学的根拠がないとの批判が少なくなく、「著者の知識の欠如や妄想により書かれた本を、著者の意図とは異なる楽しみ方をする」ことを目的に掲げる「と学会」[*2]から、いわゆる「トンデモ本」として認定され、現在もこの評価がおおむね定着している。

しかし、ここで焦点となるのは、同書が科学的に正しいかどうかではなく、科学的な知識に基づく行動修正を行なうことを積極的に受け入れようとする機運が盛り上がったことにある。そして、そこで唱えられていたのは、プロローグに「脳内モルヒネの存在は神様が正しく生きる人間にくれたごほうびともいえます」と述べられるように、脳の特性らしきものに従った倫理や道徳であった。以下の引用を見れば一目瞭然である。

脳内モルヒネの研究でわかったのは、正しく立派な生き方、世の中のためになる生き方をするほど、人間は若々しく健康で病気に無縁でいられるということなのです。

つまり、ここにおいては、ニューソートの根幹にある「法則性」が、「脳の特性らしきもの」に置き換わっているのだ。加えて、もう一つ同様に着目すべきなのは、前述のように脳はコントロールできるという幻想が「脳内モルヒネ」万能論によって強化されたことにある。「どんなにいやなことがあっても、事態を前向きに肯定的にとらえると、脳内には体によいホルモンが出る。どんなに恵まれていても、怒ったり憎んだり不愉快な気分でいると、体によくない物質が出てくる」――それはあたかも料理のレシピにおける調味料の配合のように、脳のコンディションを随意に〝味変〟できるというもっともらしさであった。現在まで続く脳科学系の自己啓発のひな形になったのである。

これは別言すれば、自己啓発がスピリチュアルなものから、エビデンスベースのものへと関心が移行する時代の変化を示していた。

「選択の自由」理論

一方で、脳科学的なものと並行して、心の科学的なものも影響力を増した。「人生で成功するために必要なのはEQだ」と看破した心理学者のダニエル・ゴールマンによる『EQ〜こころの知能指数』（講談社、一九九六）や、経営コンサルタントのスティーブン・R・コヴィーによる『7つの習慣 成功には原則があった！個人、家庭、会社、人生のすべて』（FCEパブリッシング、一九九六）が典型である。両者とも心のコントロールの可能性を示唆していることで共通している。

とりわけ『7つの習慣』は、人格を変えるアプローチを説いている点で際立つ。コヴィーの立ち位置はシンプルだ。最近五〇年間の成功に関する文献を調べたところ、その場しのぎの薄っぺらいものであったと述べ、フランクリンの自叙伝にあるような大事な原理原則を人格に深くしみ込ませる「人格主義」の回復が必要としている。同書は、まず主体的であることを重要視している。

コヴィーは、一般的に人々は遺伝子や生育歴、環境によって人生が決定されると思っていると指摘し、それを「パブロフの犬の実験に起因する刺激と反応モデル」と呼ぶ。「パブロフの犬」とは、犬に餌を与える際にベルを鳴らすと、やがてベルを鳴らしただけで、犬が唾液を分泌するようになる条件反射のことを指す。要するに、「暴力的な人間」は「暴力が日常的に蔓延している地域や家庭」から生まれるといった決定論的な考え方に支配されているというのだ。そしてその妥当性に疑問を呈すのである。

ここで反証として挙げるのが、驚くべきことにヴィクトール・フランクルの著作なのである。フランクルはホロコースト生還者の精神科医、心理学者として有名で、自身のナチス・ドイツの強制収容所体験を分析した代表作『夜と霧』（みすず書房、一九五六）は、新訳も含めて一〇〇万部のロングセラーになっている。何かの機会に書店で目にしたり、学生時代に一読したりした人も多いかもしれない。

『夜と霧』の中で、フランクルは看守に裸にされ、独房に押し込められるような目に遭った

図7−1●主体性のモデル

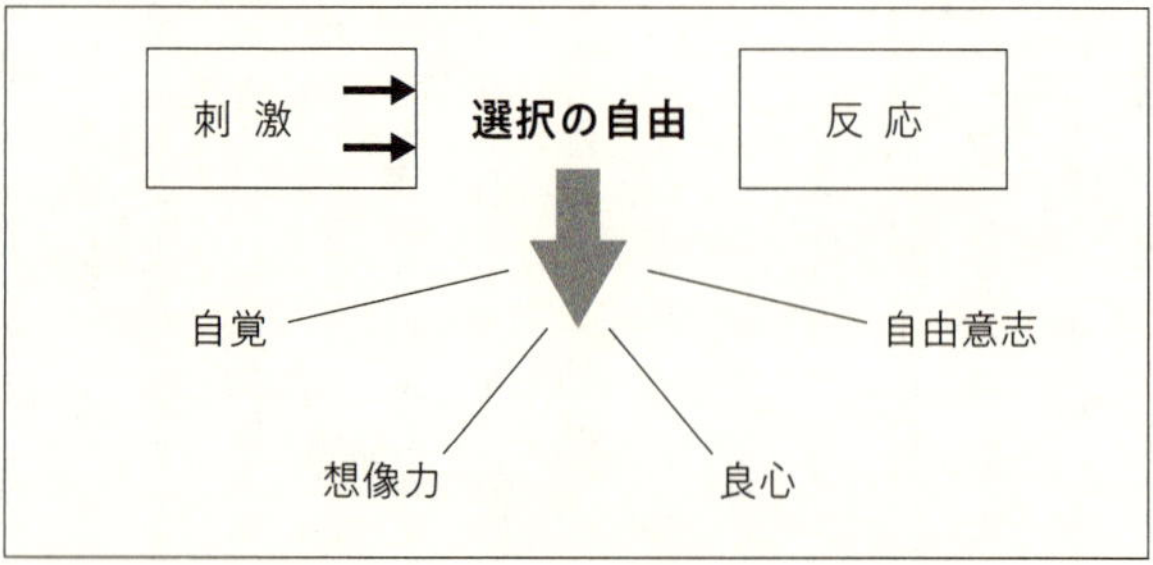

人間はほかの動物にはない自覚、想像力、良心、自由意志という独特の性質を持っているため、刺激に対して、自分の反応を選択する自由を持っている。

出所：『7つの習慣』キング・ベアー出版

が、「頭の中」でまったく異なる世界、強制収容所から解放され、大学で講義をしている自分の姿を思い描くなどした。コヴィーは、このエピソードを例に、「人間は刺激と反応の間には選択の自由を持っている」とし、「この選択の自由の中にこそ、人間の人間たる四つの独特な性質〈自覚・想像力・良心・自由意志〉がある」と述べる（図7-1）。

失業や重い病気にかかるといった不幸な出来事に見舞われたとしても、悲しみや怒りといった後ろ向きの「反応」を選ぶか、喜びや安らぎなどといった前向きの「反応」を選ぶかは本人次第であり、要するに、どのような極限状況であっても人は自分で自分の「心の働き」をコンピューターのプログラムのように書き換えられるというのだ。

このコヴィーの「選択の自由」理論に代表される心理学的なアプローチは、心の働きはコントロールできる、感情はマネジメントできるという考え方を広める後押しをした。のちほど詳述するが、これは「心理主義化」（森真一）の流れの一つに位置付けられる。

心理主義とは、心理学的な知識やそれに基づく技法などを重視する傾向のことで、社会生活を営む上でそれが当たり前の態度になりつつある状況を指して心理主義化という語が用いられている。例えば、累計二三〇万部を超えるヒット作『小さいことにくよくよするな！』（サンマーク出版、一九九八）は、過剰反応や拡大解釈など否定的な思考に囚われることを避けるための知恵を伝授する趣向になっており、そこで示される「もう一つの生き方」は、『すぐ反応する』癖を『客観的に見る』という新しい癖と入れ替えることから始まる」とある。これも、いわずもがな「選択の自由」理論の亜種であり、「刺激と反応の間」に何かを挟み込むことで、焦りや怒りや不安に振り回されない心に作り変えることを意図している。

アドラー心理学ブームを巻き起こした『嫌われる勇気　自己啓発の源流「アドラー」の教え』（ダイヤモンド社、二〇一三）も基本的に同じである（そもそもコヴィーの著作にはアドラーの影響が随所にみられる）。

近年勢いを増している「反応しない」「怒らない」「考え過ぎない」などの言葉をタイトルに用いている感情管理系の自己啓発書から、価値判断を下さずに観察モードに徹する瞑想法であるマインドフルネスに至るまで、いずれも「選択の自由」理論のような発想に基づいており、もはや珍しいアプローチではなくなってきているといえる。

脳を簡単にコントロールできるという世界観

以上のようなベストセラーの状況などから、九五〜九六年が「脳と心のコントロールの可能性」が人口に膾炙《かいしゃ》した分水嶺といえるだろう（表7-2）。

まったく別の話に思えるかもしれないが、これらの自己啓発書に並行して、『完全自殺マニュアル』（太田出版、一九九三）で一世を風靡したフリーライターの鶴見済《わたる》が『人格改造マニュアル』を九六年に上梓していることは無関係ではない。鶴見は「本書は、自殺もせずになんとか楽に生きていくための実用書」であり、「脳をいじって人格や性格を使い分けたり、まったくの別人格になって一からやり直したりする方法を紹介する」と前置きし、薬物、洗脳、サイコセラピーなどを取り上げた。

表7−2●「脳と心のコントロール」でのベストセラー

タイトル（版元）	発行年
『脳内革命　脳から出るホルモンが生き方を変える』（サンマーク出版）	95年、410万部
『脳内革命2　この実践法が脳と体を生き生きさせる』（サンマーク出版）	96年、134万部
『7つの習慣　成功には原則があった!』（キングベアー出版）	96年、130万部
『EQ　こころの知能指数』（講談社）	96年、80万部

同書は、脱力系の自己啓発のエッセンスといえるものであり、「引き算型」の自己啓発へと発展することを予見させるアイデアが随所にちりばめられている。社会的な問題にばかり目を向けていると苛立つだけだとして、「そんな時には自分とその身の回りのことを考えているのが一番だ。性格のこととか、部屋の片づけとか、そういうチマチマしたことを考える時期なのだ」「革命を起こすことよりも、部屋をきれいにすることのほうがよほど重要だ」との主張は、まるで今日の自己啓発市場のトレンドを見越しているかのようである。

事実、『ぼくたちに、もうモノは必要ない。』で日本のミニマリズムの先駆者となった佐々木典士《ふみお》や、『しないことリスト』のphaは、鶴見からの多大な影響を公言している。*3

つまるところ、日本における「引き算型」の自己啓発は、アメリカ発のミニマリズムやお片付けだけではなく、『人格改造マニュアル』において鶴見が提唱した生存戦略からもその精神を受け継いでいるのである。とはいえ、九六年の時点ではあまりにも時代を先取りし過ぎていたため、脱力系の自己啓発がメインストリームに上がるまでには一〇年以上を待たねばならなかった。

いずれにしても、抗うつ剤や精神刺激剤などで「脳をいじる」ことを肯定的に語った『人格改造マニュアル』と、「脳内モルヒネ」という人体由来の快楽物質で「脳をいじる」ことを推奨した『脳内革命』は、脳を簡単にコントロールできるという世界観を共有していたのである。

宗教に頼らずに「心のあり方」を変える

類似点はそれだけではない。両者は心理学的なアプローチでも交差している。
鶴見は、前掲書で薬物以外の人格改造の方法として、催眠暗示法、認知療法、生活スケジュール法、森田療法、電気ショック、α波瞑想など、当時流行していたものを含む様々な心理療法について解説しているが、とりわけ自己催眠で全身をリラックスさせる技法である自律訓練法は、一五ページにわたって詳細に紹介している。片や、春山も『脳内革命2　この実践法が脳と体を生き生きさせる』（サンマーク出版、一九九六）で、「脳内モルヒネ」を出す実践法として、こちらも自律訓練法に一〇ページを割いているのだ。もちろん、双方のベクトルは全然異なっている。鶴見は「楽に生きていく」ことを志向しているが、春山は先の「正しく立派な生き方」という規範を志向しているからだ。[*4]

とはいえ、ベクトルの相違よりも共通点のほうが重要である。

春山も鶴見も、手軽に脳をコントロールして、幸せになることを推奨している。これは古くからある新宗教の入信動機である「心なおし」の現代版といえるものだ。

宗教学者の島薗進は、「新宗教への入信の動機は、現世利益に関わるものであることが多い。信仰によって現世利益が達成されると信じるのだが、多くの場合、心なおしも同時に行われる。心のあり方を教えに従って変えていくことで自分が変わり、それによって他者や環境も変わり、恵みの源泉である存在に心が通じ現世利益が得られると教えるのだ」とし、

「新宗教があれほど力をもったのは、心なおしのメッセージが多くの人を惹きつけたからに他ならない」と結論付けている（『新宗教を問う——近代日本人と救いの信仰』ちくま新書、二〇二〇）。

脳科学や心理学の知見に基づく脳や心のコントロールは、宗教に頼らずに「心のあり方」を変えることであり、「神仏抜きの『心なおし』」と捉え直すことができるだろう。かつては、教祖や教義などのベースが明確にあり、それが倫理や道徳の源泉にもなっていた。現在は、「脳内モルヒネ」のような概念がいわば小さな神々、神的なパワーと同等の役割を担っているのだ。春山が「脳内モルヒネの存在は神様が正しく生きる人間にくれたごほうび」と述べたのは、うかつに口を滑らせたわけではなく、新宗教と自己啓発を架橋する一面の真実を語っていたのである。

社会学者の森真一は『自己コントロールの檻』（講談社選書メチエ、二〇〇〇）で、人々が自発的に心理学的な知識を吸収していき、社会の風潮や個人の習慣などを形づくっていく状況のことを「社会の心理主義化」と名付けた。就職活動をする大学生の自己分析ツールや、女性向け雑誌におけるセラピーの記事、企業経営で進む心理学の応用、旧文部省の教育改革プログラムにおける「心の教育」、多重人格や犯罪関連のノンフィクションや自助マニュアルの受容等々といった動きである。それは宗教者に代わって、精神科医、カウンセラー、コンサルタント、モチベーショナルスピーカーなどが「心なおし」を受け持つ新しいフェーズを意味している。

森は「心理主義化した現代社会は人々に高度な自己コントロールを要請する社会であり、人々の方もその要請に応えようと努力している社会」と捉えている。心理主義化の進展は、自己の感情を管理し、合理性のある行動を取ることを人々に学習させるからだ。森の定式化を踏まえた上でもう一度『人格改造マニュアル』に立ち返れば、九六年刊行のこの書籍が、いかに先駆的なものだったか一層明らかになる。「(脳をいじる) 技術を身につけさえすれば、対人関係の場だけではなく、自分の仕事や生活にも様々な形の別人として取り組むことができる。重い足枷はまたひとつ外れる」と言っている通り、自分を楽にする「心なおし」を意図した「別人化」の効用に重心が置かれているからだ。かくて「引き算型」の自己啓発は、「社会の心理主義化」の流れも汲んでいることが明瞭になってくる。[*5]

二〇一〇年以降の「内省的な引き算」

平成の時代に信者数の減少などによって新宗教の勢いが衰退するのと反対に、ベストセラーに入る自己啓発書が増加していることにも、神仏抜きの「心なおし」として自己啓発が求められたことが端的に表れている。

出版業界唯一の公的な調査研究機関である出版科学研究所の分析によれば、「(自己啓発書が) トップ30入りした数は、90年代前半は年1～4冊で推移していたが、オウム真理教による地下鉄サリン事件が起きた95年に5冊がランクイン。2000年は9冊、10年は13冊、14年には過去最多の15冊に達した。出版市場自体は縮小を続ける中で、存在感を増している」という。[*6]

同研究所主任研究員（当時）の久保雅暖《まさはる》は、二〇一〇年以降の自己啓発書の傾向として「内省化」を挙げる。[*7] 内省とは、自分の考えや言動などについてかえりみることをいう。これは森のいう心理主義化のことである。

「自己啓発書がどんどん内省的なものになってきている。『人にどう思われたいか』とか、『どういう会話をしたらいいのか』とか、そういった人間関係、コミュニケーションの問題解決に応えるものが二〇一〇年以降、より顕著になっている印象がある。

これは第1章で述べた「社会的な成功から個人的な幸福へ」「大きな成功から小さな幸福へ」という人々の関心の地殻変動とリンクしている。

最近、医師や心理職などによる「感情的にならない」「感情を整える」「怒りが消える」「感情コントロール」などのキャッチフレーズを多用した自己啓発書が増えているのは、このような「内省化」、心理主義化の帰結といえるだろう。今や「感情に振り回される」こともコスパが悪いからである。不愉快な人や自分ではどうすることもできない社会状況などに傷ついたり、余計な心配をしたりして神経をすり減らすようなメンタルを技術的に解決するというわけだ。心を病ませるような「不要な感情」の出現をあらかじめ〝差し引く〟ことであり、久保の表現を借りれば「内省的な引き算」による幸福追求となるだろう。

「一人勝ちするメンタル」とポップな認知行動療法

第1章で引用した「必要だったのは、お金や時間ではない。『思考』だった」というひろゆきの極言を思い出してほしい。「考え方次第でラクになる」とは、言うまでもなく「脳をいじる」ことのカジュアルな言い換えであり、「心なおし」そのものなのだ。

例えば、ひろゆきの『自分は自分、バカはバカ。』は、「これからの世界がどのように変わっていったとしても、自分だけは『イージーモード』で、楽しく生きていくためにはどうすればいいか」を指南した著書であるが、「僕は、これからの時代に生き残るのは、資格みたいな『目に見えるスキル』をたくさん持った超優秀な人ではなく、そこそこ仕事ができて周りに気に入られる、『目に見えないスキル』、メンタルスキルに秀でた人だと思っています」と言い、それを「一人勝ちするメンタル」と呼ぶ。

イージーモードとは、ゲーム作品において難易度が通常より低いモードのことを指しており、「無理ゲーな状況」であっても気楽に生きていける精神状態の獲得が目指されている。その鍵を握るのが、「バカな人と賢く距離を置く技術」だと述べ、その真意は傍若無人に振る舞う他人や理不尽な出来事をただ我慢することではなく、「自分のメンタルを上手にコントロールし、自分的に気分よく日々の生活を送れるようにする」ことだという。

そこには具体例として、「バカな人に出会った時は、相手を人間ではなく、ただの動物として見なしましょう」とあり、考え方の切り替えを勧めるなどしている。とりわけユニークなのは、「イヤなことがあった時」の対処法である。ひろゆきは、雨が降ってきたときに雨に対して真剣に怒る人はいないと言い、それは「自然現象」だから諦めているところがあると前置きした上で、「自分自身の反応も『自然現象』だと考えてみる。『自分のできること』ではないと認識すれば、雨に怒らないのと同じで、どうでもよくなってくる」と達観を推奨するのだ。「自分のことを機械的な反応を返す機械、あるいは本能で行動する動物」と捉えてみるなどと書いているが、要は「刺激と反応」を云々する先の理論を踏襲しつつも、自分を俯瞰して眺めることによって、その影響下から離れるという観察モードへの誘いである（そういえば前述の『小さいことにくよくよするな！』の「『すぐ反応する』癖を『客観的に見る』という新しい癖」とも部分的に符合している）。それは自分自身の精神状態をも、実験室の観察対象として突き放す心構えといえる。

もうお分かりの読者もおられると思うが、これは心理療法の一種である認知行動療法（Cognitive Behavior Therapy：CBT）に近いものだ。

CBTは、ある出来事に遭遇した際に、その人が抱く感情や行動が、その出来事をどう認識するかに注意を払う。偶然食器が割れたり、洋服が破れたりといったことに不吉な前兆を感じる人が一定数いるが、なぜ「食器が割れる」↓「何か良くないことが起きる」といった自動思考になってしまうのかを、そのプロセス自体を意識に上げて観察することで、認知の偏りを修正していくのである。ここにおける観察モードの重点は、「刺激と反応」を棚上げすることにある。

三〇万部超のロングセラーとなっている仏教僧侶、草薙龍瞬《りゅうしゅん》の著書『反応しない練習　あらゆる悩みが消えていくブッダの超・合理的な「考え方」』（KADOKAWA／中経出版、二〇一五）がCBTのアプローチを採用した近刊として好例といえる。草薙は、「実は、私たちの日常は『心の反応』で作られているといっても、過言ではない」と述べ、「その結果として、日頃のイライラや、落ち込みや、先ゆきへの不安やプレッシャー、『失敗してしまった』という苦い後悔などの〝悩み〟が生まれ」るという。その上で、「だとすれば、すべての悩みを根本的に解決できる方法」は「〝ムダな反応をしない〟こと」だと主張する。瘦せ我慢ではなく、負の感情を「すばやくリセット・解消する」ことが目指されている。同書は、言うまでもなく「苦しみの原因が執着にある」と説く原始仏教のエッセンスを認知行動療法的なアプローチに落とし込んでいる。

次の第8章で詳述する通り、マインドフルネスの日本での受容が進んでいるが、これも『反応しない練習』のようなポップなCBTの範疇に含まれるものといえる。

ライフスタイルを選択しないという選択の無意味さ

　ここで最終章となる次章への足掛かりとして、少しばかり現代社会学的な解説を加えたい。脳と心はその気になればコントロールできるという幻想の土台には、近代以降、わたしたちの社会において伝統文化が衰退してゆくに連れて、ライフスタイルを自分で作らなければならなくなったという時代の変化が挙げられる。

　九〇年代初頭に社会学者のアンソニー・ギデンズは、ある自己啓発書を取り上げながら、伝統的な社会に存在していたような正当な生き方といったものが失われ、個人が多様なリスクを引き受けざるを得なくなったことを指摘した（『モダニティと自己アイデンティティ　後期近代における自己と社会』ハーベスト社、二〇〇五）。「私たちはすべて単にライフスタイルを追求するのではなく、そうするように強制される――私たちは選択するしかないのである」と（同前）。

　何を着るのか、何を食べるのか、誰と会うのかといった日々のルーティンのすべてが「誰になるか」の決断となり、損得勘定などの面だけでなくアイデンティティを構成する重要な要素になっていくというのである。つまり、ここでの真理は、「わたしは何も選択していない」という素朴な主張が無意味になることだ。
「わたしは誰の指図も受けていないし、積極的に何者かになろうともしていない」――このような態度表明は、一見超然としていてもっともらしい感じがしなくもないが、結局のところ「世間」や「市場」という特定の利益に与《くみ》するよう方向付けられたものの中から漫然と選び取っていることに変わりはなく、つまるところ、自覚的な不作為（何も選択しないという選択）であったとしても、数多ある「消極的な選択」のバリエーションとして計上される運命にあるのである。

第1章でひろゆきと堀江貴文を対照的に論じたが（三三～四六ページ参照）、「石の上にも三年」といった前時代的な「成功物語」を否定し、複数のスキルを持ち、自分の価値を高めていく「多動力」や、「幸せの総量を増やすことを目標」に掲げ、努力せずに成果を出す工夫をして、おいしいポジションを得ることを目指す「働かないアリ」戦略は、伝統文化の焼け野原から芽吹いた膨大な情報産業から日夜生み出されている「新しいライフスタイル」という可能性の一つに過ぎない。二一世紀に入って「もう親世代と同じ人生は歩めない」というフレーズをよく聞くようになったことが象徴的だ。それは大企業に入れば一生安泰といった定型的なライフコースの消失を意味していた。ちなみに、定型的なライフコースとは、自分からは何もしなくても周囲のメンバーが手取り足取り訓育し、人間関係も含めた豊かな経験を与えてくれるコミュニティと一体のものである。

いずれにせよ、わたしたちはライフスタイルの選択圧から無関係でいることは難しい。そのため、実利や自己実現といった動機に基づき自己啓発的な言説が消費されるのである。

鶴見が三〇年ほど前に予見したように、「自分とその身の回りのこと」「性格のこととか、部屋の片づけとか、そういうチマチマしたことを考える時期」を迎え、なおさらライフスタイルは重要なテーマになってきている。そして、その核心にあるのがライフスタイルを決定し、維持し、更新する脳と心への介入なのである。「足し算型」の自己啓発はもちろんのこと、「引き算型」の自己啓発においてもこの点を避けて通ることはできない。

そこそこ幸せな人生にも、自己啓発が必要という皮肉

ひろゆきは、「自分のキャラを考えて、『いい人』として生きていくのも、『1％の努力』のひとつかもしれない」「傍からは成功していないように見えていても、自分的には満足だ

って思える人って、それはそれで成功なんです」と述べたが、同時に「ダラダラすることに罪悪感がない」と「自分の興味のあることに没頭できる」という二つの素質も求めている。これは後天的に獲得することが念頭に置かれているが、「働かないアリ」へとライフスタイルを転換させたい人は、まず現在の自分を拘束している思い込みを解除するところから始めなければならない。それはひょっとすると、起業家、アーティスト、インフルエンサー等々という今日最も輝かしいと思える成功像からの脱却であるかもしれない。もしくは自分が生まれ育った階層や両親から植え付けられた「世間並み」の職業・収入へのこだわりを捨てることかもしれない。

口で言うだけなら簡単だが、実行するのは難しいことを「言うは易く行うは難し」ということわざで表すが、ひろゆきのような「引き算型」の自己啓発においてもこれが当てはまる。第1章で解説したように、「引き算型」は、「がんばらない」「競争しない」「モノを持たない」など、従来の自己啓発の逆張りを突き進むものだが、最初の障壁となるのが考え方を変えることそのものなのである。出世という会社組織におけるランキング、あるいはもっと広く捉えて、一般社会における社会的地位というランキングを意識せずにはおれない人々にとって、引き算的な価値基準へのシフトはこれまでの〝常識〟を覆す大転換となる。とりわけ目に見える数字や成果について、他人との比較に一喜一憂する人々にとっては、まるで別人として生きなければならないほどの変身が要求されるだろう。

そして、その次に重要になるのが、幸福になるための技術である。

前述の（成功から見放されていても）「自分的には満足だって思える人」は、相当幸福度が高い人物といえるだろう。なぜなら、周りの評価にほとんど依存していないからだ。おそらくこのような人物はもともと自尊心が高く、良い人間関係を持ち、精神的にも満たされていることがうかがえる。このようなライフスタイルを自分のものにするには、「成功のための自分磨き」は不要だが、「幸福のための自分磨き」が必須となる。しかも、両者は「磨き」をより効果的に、より効率的にするに当たって、脳と心を適切にコントロールできることを切実に求めている。

世の中でもてはやされている成功への階梯《かいてい》を早々と諦め、「そこそこ幸せな人生」を謳歌しようにも、自己啓発的な創意が不可欠になりつつある時代なのだ。

＊1　千葉康則『「快脳」論―人はなぜ〝快〟を求めるのか』（芸文社、一九九三）、同著『脳を育てる生き方18章　年齢とともに頭の働きが良くなる処方箋』（ベストセラーズ、一九九四）、武田豊『自己開発法　大脳生理学による才能改造』（大和出版、一九八五）、同著『武田豊の実戦・大脳生理学』（毎日新聞社、一九八六）、小林司『脳を育てる脳を守る』（日本放送出版協会、一九八七）など。

＊2　トンデモ本などを品評することを目的とする任意団体。初代会長はSF作家の山本弘。初の単行本『トンデモ本の世界』（洋泉社、一九九五）は、オウム真理教による一連の事件の余波もあり、一〇万部を超えるベストセラーとなった。

＊3　「人間は片づけができるようには作られていない。」気持ちをラクにしてくれる読書のすすめ「佐々木典士 × pha」対談２０２０年３月11日　DIAMOND online（https://diamond.jp/articles/-/297038?page=2）『人格改造マニュアル』について、phaは「僕も10代の頃にそういう世界観に触れて、その影響が今でも続いてます」と述べ、佐々木は「今抱えている自分の問題が、自分の考え方や性格が悪いせいで起きているのではないかという、そういう考え方を吹き飛ばしてくれます」と応じている。

＊4　このような世界観の類似と相違を最初に指摘したのは、評論家の宮崎哲弥である。「鶴見済（『完全自殺マニュアル』）が『人格改造マニュアル』という本を出しましたが、あれは完全に、船井、天外の理屈や『脳内革命』の春山理論をひっくり返しているんです。どういうことかと言うと、ドラッグを使ってもヨガのような身体技法を使っても、自己啓発セミナーで洗脳されても、自分が楽チンになれればいいじゃないか、それがなんでいけないんだと。船井的なものから精神性や道徳性や一定の方向性を全部剥ぎ取って、純粋に自己快楽のためのマニュアルとして純化した内容です。こうしたものは容易に否定できないし、また否定してはならないと思います」とコメントしている（宮崎哲弥・島田裕巳「対談　ファシズムの噛ませ犬たちへ」、『別冊宝島三〇四号［洗脳されたい！　マインド・ビジネスの天国と地獄］』所収、宝島社、一九九七）。

＊5　自己啓発本、平成に急増「将来に不安」背景／2018年1月9日／日本経済新聞電子版（https://www.nikkei.com/article/DGXMZO25440940Z00C18A1CR0000/）

＊6　二〇二二年九月二六日に筆者が行なった出版科学研究所の久保雅暖主任研究員へのインタビュー。

＊7　森のいう「高度な自己コントロール」は、『脳内革命』『7つの習慣』でおおむね一致している。『脳内革命』には、『7つの習慣』に近い刺激と反応に関する考察がある。「この世の中で起こる現象や刺激が重要なのではなく、たとえいやな現象でも、それを意識的にプラス発想でとらえる

ようにすれば、心と体の反応は好ましい反応に変えられる」というくだりだ。そしてその中心部には、「正しく立派な生き方」という規範がある。『7つの習慣』の「人格主義」では「優れた人格を持つ」ことが仕事や家庭などにおける長期的な成功の条件となっている。さらに興味深いのは、第七の習慣である「刃を研ぐ」だ。肉体、精神、知性、社会・情緒の四つの側面のそれぞれを再新再生させることだとし、バランスの取れた食事と十分な休養、定期的な運動をする、毎日聖典を読み、祈りと瞑想を行なう、定期的に優れた本を読むなどを挙げている。これも『脳内革命』の運動、食生活、瞑想に通じている。方法やプロセスにかなりの違いはあるが、どちらも良き人格の完成が必須とされているのである。

第8章　幸福度競争社会

「今も覚えてる。みんながとても幸せそうな顔だった。あやかりたい」

映画『幸せのちから』

幸福な人生に関しておそらく最も重要な科学的発見は、明晰で健康な脳を保つ必要があるという点だろう。

リンダ・グラットン／アンドリュー・スコット（『ＬＩＦＥ　ＳＨＩＦＴ（ライフ・シフト）　１００年時代の人生戦略』東洋経済新報社）

「幸せになった者勝ち」というゲーム

第7章では、現代の自己啓発において「足し算型」「引き算型」を問わず、自分自身の生き方を適切にコントロールするために、脳と心に介入することが避けられないことを確認した。「そこそこ幸せな人生」を送るにしても、「幸福のための自分磨き」が必須となる、と。最終章となる第8章では、引き算型の自己啓発が幸福志向、健康志向と一体になったものであり、「幸福至上主義」とでも呼ぶべき思想と切り離せないことについて論じたい。「幸福至上主義」とは、その名の通り「幸せであること」が人生で最も重要だと考える立場を指す。いわば「幸せになった者勝ち」というゲームであり、究極的には貧富の差は関係なく、「どのような状況でも幸福感を保てる」スキルが備わっていることが勝敗を分かつのである。

これは個人レベルにとどまらない。世界幸福度ランキング、地域幸福度、従業員幸福度、ウェルビーイング経営……ここ一〇年ほどで、非常に多くの分野で幸福が重要視されるようになってきている。

近年のビジネス書をはじめとした書籍の傾向を見ると、幸福が人々の関心を呼ぶキーワー

図8－1●タイトル・副題に「幸せ」「幸福」が含まれる書籍の出版点数

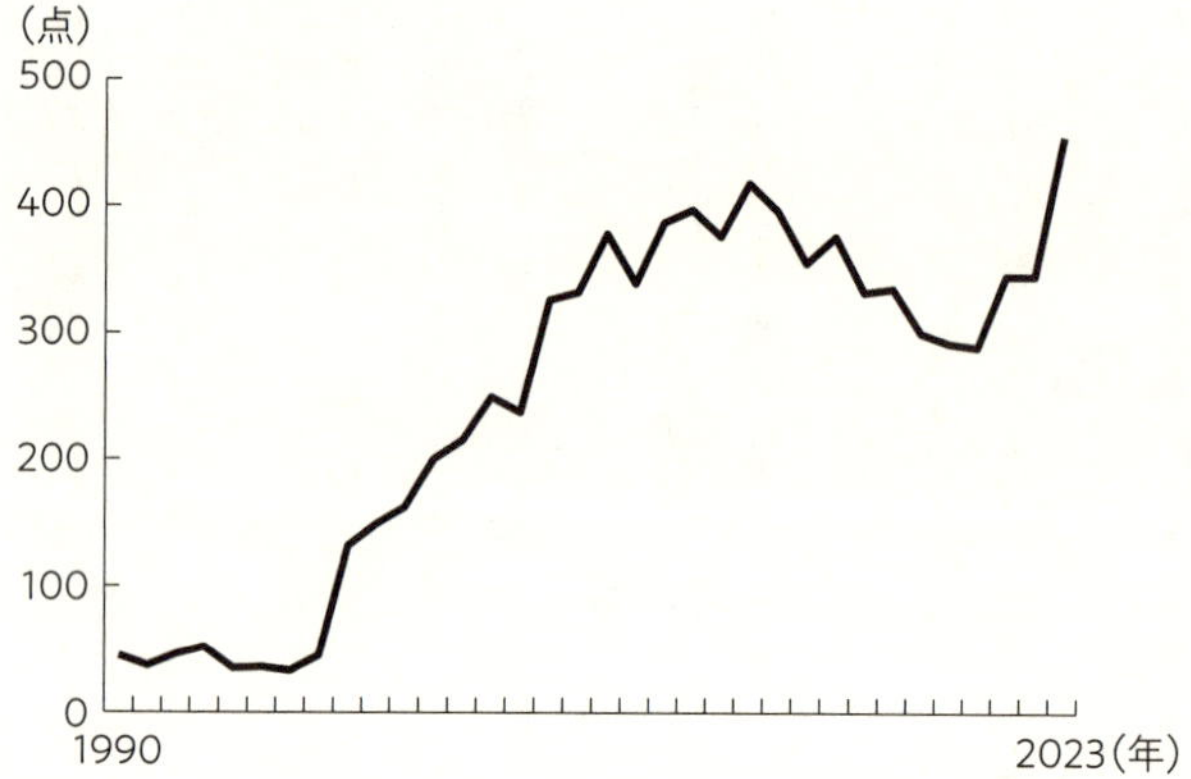

ドになっていることがよく分かる。上記のグラフは、出版書誌データベースから書籍のタイトル・副題に「幸せ」「幸福」が含まれているものを抽出したものだ（図8－1）。九〇年代末から増加が顕著になり、二〇一二年に初めて四〇〇点を超え、その後も高い水準を維持している。ちなみに二〇二三年は四五五点と過去最多になった。出版点数全体の増加を差し引いても、かなり大きな伸びといえる。今や世界だけではなく、日本においても幸福であることは、お金持ちになることよりも重要なテーマになりつつあるのだ。

振り返ってみると、二〇一〇年代にはいろいろと象徴的なトピックがあった。民主党政権下の「新成長戦略」を受けて有識者から構成する「幸福度に関する研究会」が開催されたのが二〇一〇年で、ブータンのジグミ・ケサル国王陛下と王妃陛下が来日し、国民総幸福量（GNH）が脚光を浴びたのは翌二〇一一年である。さらに、国連の世界幸福度ランキングの第一回目が発表されたのが二〇一二年となっている。

幸福学（happiness study）という新しい学問も出現した。『ハーバードの人生を変える授業』（大和書房、二〇一〇）の著者で知られる心理学者・哲学者のタル・ベン・シャハーが創始したもので、二〇二二年には米センテナリー大学で幸福学修士プログラムがスタートし、世界八五か国から数千人の学生が参加している。日本でも幸福学は注目されるようになってきており、ビジネスや公共政策への応用が始まっている。

現在、様々な社会指標を材料に用いた幸福の定量化[*1]が進んでおり、誰もがその数値を意識せざるを得ない「幸福度競争社会」の到来といっていい。

前出の出版科学研究所の久保も、二〇一〇～二〇一一年あたりが自己啓発書のトレンドチェンジだと指摘する。第7章の「内省化」の話とも重なるが（二二八ページ参照）、ビジネス書における最近の流行は健康系の自己啓発である。「筋トレをすれば仕事のパフォーマンスが高まり、収入が増えるというものが目立つ。ここ五年ぐらいは、食事を変えれば人生が変わるという自己啓発書が多くなっている。世の中的に将来の見通しが立たず、生活の不安もなくならないため、より心身の健康に直結するものが好まれている傾向がある」という。[*2]

このような健康系の自己啓発においても、重視されているのは個人の幸福感や幸福度といったものなのである。本章で繰り返し言及することになるが、「引き算型」の自己啓発は、幸福の基盤となる健康状態の最適化を追求する。そのため、運動や食事や睡眠と幸福度を結び付けるテーマ設定は必然的といえる面がある。

つまり、幸福志向と健康志向の台頭はパラレルになっているのだ。

「時間の引き算」と「思考の引き算」

そもそも「引き算型」の自己啓発は、第1章で述べたように、ストレスや生きづらさの原因になっている事柄や考え方から自由になり、人生を快適にすることが大きな目的としてある。

とりわけ自己啓発書においては二〇一〇年代後半以降、この引き算型の動きは加速しているように思える。韓国でベストセラーになり、日本でも一五万部を売り上げたハ・ワンの『あやうく一生懸命生きるところだった』（ダイヤモンド社、二〇二〇）が象徴的である。奇しくもひろゆきの『１％の努力』と同じくコロナ禍の初期に出版され、話題を呼んだ。

それは宣伝にある通り「ムリしてやる気を出さない」「金持ちを目指さない」「失敗したら、いさぎよく諦める」「『やりたい仕事』を探そうとしない」などといった引き算の思考を全面に打ち出したものであった。そして「人生の大半はつまらない。だから、もしかすると満足できる生き方とは、人生の大部分を占めるこんな普通のつまらない瞬間を幸せに過ごすことにあるのではないか？」などと問題提起をするのだ。ひろゆきが提唱した「幸せの総量を増やすことを目標にすればいい」という路線である。

ひと口に「引き算型」の自己啓発といっても、そこには様々な類型がみられる。

具体的には、「時間の引き算」「思考の引き算」である。「時間の引き算」は、まず人生の有限性を強く打ち出した上で、「自分にとって大切なこと、重要なこと以外の時間を潔く切り捨てる」ことを勧め、それを実行することで幸福度が上がり、生産性も上がることを主張している。コストパフォーマンスの「コスト」を「タイム」（時間）に置き換えた和製英語「タイムパフォーマンス」（通称タイパ）は、「映画の早送り視聴」などでよく知られるようになってきたが、これも「時間の引き算」に包含されるだろう。「思考の引き算」は、不安や後悔や怒りといったネガティブな思考が、いかにその人に本来備わっている可能性を削いでいるかを説き、これらの思考をうまく消去し無害化するテクニックを実践することで、同様に幸福度、生産性が上がるとする。

ビジネス書における「時間の引き算」の代表格は、第1章で取り上げたグレッグ・マキューンの『エッセンシャル思考　最少の時間で成果を最大にする』（二〇一四）と『エフォートレス思考　努力を最小化して成果を最大化する』（二〇二一）だ。類書では、オリバー・バークマン著『限りある時間の使い方 人生は「4000週間」あなたはどう使うか？』（かんき出版、二〇二二）、ジュリエット・ファント著『WHITE　SPACE　ホワイトスペース　仕事も人生もうまくいく空白時間術』（東洋経済新報社、二〇二二）、ジョン・フィッチ／マックス・フレンゼル著『TIME　OFF　働き方に〝生産性〟と〝創造性〟を取り戻す戦略的休息術』（クロスメディア・パブリッシング、二〇二三）などがある。いずれも人生の質を上げることに焦点が当てられており、課題となるのは「何をやらないか」を適切に見極められるようになることだ。人生は有限であり、自由に使える時間は限られている。だからこそ、自分にとって意義があると感じられるもの、心の底から大切だと思えるもの以外の時間をすべて切り捨てることを勧めるのである。まさに「余計な時間」の断捨離といえる。

例えば、マキューンは「エッセンシャル思考の目的は、世間的な成功を手に入れることではない。人生に意味と目的を見いだし、本当に重要なことを成しとげることだ」と述べ、自分がエッセンシャル思考を感じるときをいくつか例示する。「人脈づくりのイベントに行くよりも、子供とトランポリンで遊ぶ」「家族と過ごすために、週１日はソーシャルメディアを一切見ない」等々。ここには先のひろゆきと似た戦略的な〝撤退〟がある。

「思考の引き算」は、前出の『反応しない練習』が典型で、堀田秀吾著『最先端研究で導きだされた「考えすぎない」人の考え方』（サンクチュアリ出版、二〇二〇）、名取芳彦著『気にしない練習　不安・怒り・煩悩を〝放念〟するヒント』（三笠書房、二〇二一）、ジョセフ・グエン著『考えすぎない練習』（ディスカヴァー・トゥエンティワン、二〇二四）などのように、不安や後悔といったコスパの悪い無駄な思考をそぎ落とし、幸福感や生産性を上げることをおおむね意図している。

とりわけ心理学者のイーサン・クロスによる『Ｃｈａｔｔｅｒ（チャッター）「頭の中のひとりごと」をコントロールし、最良の行動を導くための26の方法』（東洋経済新報社、二〇二二）は、「思考の引き算」を展望する上で重要な視点を提供している。

チャッターとは、「頭の中のしゃべり声」のことだ。嫌なことがあった後、いつまでも「ああすれば良かった」とか、「もう辞めたい」などといった否定的な感情がループする状態を指している。クロスは「それをどう制御すれば、人びとをより幸福に、より健康に、より生産的にできるか」を考え、「循環するネガティブな思考と感情」のメカニズムを解明するとともに、それを効果的に差し引く方法を示すのだ。

そう、まさに「考え方次第で人は幸せになれる」と言っているのである。

従業員の感情が企業の成否を左右する

「引き算型」のうち、とりわけ「思考の引き算」は、高齢者向けの自己啓発書にも及んでいる。

『１０２歳、一人暮らし。哲代おばあちゃんの心も体もさびない生き方』（石井哲代／中国新聞社著、文藝春秋、二〇二三）は、中国新聞に連載された密着記事を単行本にしたもので、著者の石井が地元のテレビ番組に出演したこともあり、一躍ベストセラーになった。彼女はのっけから「私は自分を励ます名人になって、心をご機嫌にしておくんです」と元気の秘訣を語り、続けて「人を変えることはできませんが、自分のことは操作できますけえな」と事もなげに言う。そして、「うまいこと老いる」極意として「感情の足し算、引き算」を推奨するのだ。

気張らず、あるがままを受け入れる。自分を大きく見せんことです。煩悩やねたみといった、しんどいことは手放すに限ります。その代わり、うれしいこと、楽しいことは存分に味わうの。感情の足し算、引き算をうまいことやっていくしかありません。元気でいるためには、まずは「心」ですから。心が体を引っ張ってくれる。心がしんどくならんようにするんが大切じゃと思います。

これは第7章で論じた「感情のマネジメント」そのものである。しかも、「自分を励ます名人」というのは、自分をケアすべき対象として捉え直す今日的な「操作」感覚を適切に言語化した表現になっている。

同種の感情コントロール系の自己啓発書は、ここ数年だけでも、林健太郎著『否定しない習慣』（フォレスト出版、二〇二二）、秋田道夫著『機嫌のデザイン　まわりに左右されないシンプルな考え方』（ダイヤモンド社、二〇二三）、アルボムッレ・スマナサーラ著『心配しないこと』（大和書房、二〇二三）、キム・ダスル著『人生は「気分」が10割　最高の一日が一生続く106の習慣』（ダイヤモンド社、二〇二四）が出版されるなど人気ジャンルになっており、負の感情を差し引くテクニックをはじめとして、適切な情動管理のニーズが高まっていることを示している。なかでも、ダスルの著作にある「気分がコントロールできれば人生もコントロールできる」というフレーズは、現代の時代精神を最もよく表している。

こうした「感情のマネジメント」について、社会学者のエヴァ・イルーズと歴史家のヤーラ・ベンガー・アラルフは、「感情のマネジメント」の起点の一つを一九二〇年代のアメリカの企業で実施された「ホーソン実験」[*3]にみる。周囲の従業員との協業に感情のコントロールが不可欠なこと、また各分野に心理学が浸透したことによって、合理的な「現代の主体性」が形成されたという。そこで要求される合理性とは、「人間存在には個人の利益に合わせて行動する能力があるという文化的信念」である。そして、一九九〇年代におけるポジティブ心理学の飛躍的発展によって、幸福はもはや目的ではなく、「労働あるいは生活の他のあらゆる分野における成功の原因の地位に」就いたと述べ、「従業員の感情様式が、企業の失敗あるいは成功を左右するということは、同様に、労働者の幸福が、労働者自身にとって、また企業にとっても、重要になったことを意味する」と指摘した。*4

そうなると、第1章で論じたように、社会が停滞期に入って経済的な成功というものが不可能なミッションになるに連れて、個人の幸福こそが最後に残された泉のように思えてくるのも無理はないのかもしれない。つまり、なにはともあれ幸福でありさえすれば、物事は自動的に良くなると考える傾向がすでに広がりつつあるからだ。その根本には、イルーズとアラルフが幸福は「目的」ではなく「原因」とみなされるようになったと述べたように、幸福感、幸福度こそが人々の人生の質を決定するという「幸福至上主義」がある。

世界最先端のテック企業が実践する「EQ」育成

自己啓発書における健康志向の流行に呼応するかのように、企業文化では「健康経営」という考え方が定着しつつある。

健康経営とは、従業員の健康保持・増進の取り組みが、将来的に収益性などを高める投資であるとの考えの下、企業が従業員の健康管理を経営的視点から考え、戦略的に実践することをいう。また、このような経営手法に基づく具体的な取り組みを健康投資と呼んでいる。[*5]

現在、大手企業だけではなく中小企業にもこの経営手法は拡大しており、専門家などによる生活習慣病の予防、メンタルヘルスの向上といったものにとどまらず、社内フィットネスやヨガ、口腔ケア、更年期障害やＰＭＳ（月経前症候群）の改善など広範囲に及んでいる。

さらにもう一歩踏み込んだものとして、ウェルビーイング経営、幸福経営というものが登場しており、従業員個人の幸福度を上げていくこと、生きがいを持って働けるようにすることまでが目指されている。いずれにしても、すべては従業員の心身が良好であれば、パフォーマンスや生産性はおのずと高まり、より多くのリターンが返ってくるという先の投資の発想が根幹にあり、結果的に疾患による労働損失や経済的損失などのコストも抑えられるという合理的な要請に支えられている。事実、幸福であることが生産性を高めることは多くの研究で明らかになっている。[*6] 言うまでもなく、これもイルーズとアラルフが述べた一〇〇年前の実験の延長線上にある。

こういった思考の個人版がセルフケア、セルフマネジメントだ。

テレビや新聞をはじめとする大手メディアで、健康に過ごすための習慣としてよく取り上げられている運動、食事、瞑想の三点セットは、実のところ健康経営を推進する企業においても推奨されているお馴染みのメニューなのである。『脳内革命』からおよそ三〇年を経て、企業もビジネスパーソンもこの三点セットを掲げた幸福至上主義への階梯を昇りつつあるように見える。むろん、その細部やエビデンスの有無にかなり違いはあるが、実行が求められている主要なテーマにそれほど大きな隔たりはない。

特にマインドフルネスに代表される瞑想は、「引き算型」の自己啓発における企業と個人の一致がみられる非常に興味深いトピックである。

マインドフルネスとは、「今、この瞬間に経験していることに評価や判断を加えることなく、意識的に注意を向けること」をいう。マインドフルネスには、様々なやり方があるが、よく知られており、かつ実践されているのは、自分の呼吸にのみ意識を集中させ、自分の身体の状態や感覚を観察し、雑念が浮かんだり、気が散ってきたりしたら再び自分の呼吸にだけ意識を向けるというものだ。この実践の継続により、ストレスが軽減され、集中力やコミュニケーション能力などが高まると解説していることが多い。

禅やヨガに親しみ、ヴィパッサナー瞑想の実践者であった心理学者のジョン・カバット・

ジンが、身体の慢性的な痛みやストレスを抱えている人々のために開発したマインドフルネスストレス低減法（ＭＢＳＲ）がもともとのルーツだ。一九九〇年代に後続の研究者によって、うつ病の治療を目的とするマインドフルネス認知療法（ＭＢＣＴ）へと発展し、それが次第に一般社会においても広まることとなった。

そして、二〇〇七年に大きな転換を迎える。Googleが独自にマインドフルネスプログラム「Search Inside Yourself」（「己の内を探れ」、略してＳＩＹ）を開発し、企業研修として導入したからだ。その中身は、マインドフルネスに基づいた「ＥＱ（情動的知能）」育成カリキュラムである。「ＥＱ」とは、「自分や他人の感情、情動をモニターし、それらを識別し、その情報を自分の思考や行動の指針にする能力」をいう。[*7] 前章で取り上げた『ＥＱ〜こころの知能指数』（一九九六）は、日本においてはとっくの昔に忘れ去られた九〇年代のベストセラーの扱いになっているが、世界最先端のテック企業の頭脳集団の養成に当たって、「ＥＱ」はそのカリキュラムの中心にある重要な指標なのだ。

「幸せの設定値」は変えられる

ＳＩＹの開発者であるチャディー・メン・タンは、「私自身の経験では、マインドフルネスはほかのものを何ひとつ変えずに私の幸せを増すことができる」「それにはコストもかからなければ、マイナス面もない」と述べている（『サーチ・インサイド・ユアセルフ　仕事と人生を飛躍させるグーグルのマインドフルネス実践法』英治出版、二〇一二）。タンの考え方で着目すべきなのは、「幸せの設定値」という発想だ。タンは、「私たちの多くは、この設定値は固定されていると思い込んでいるが、（略）意識的なトレーニングによって変えられる」と主張する（同前）。

つまり、普段の何気ない散歩や食事といった日常の営みによって生じる幸せを、二倍にも三倍にもすることが可能だというのである。引き算、足し算の比喩を用いれば、場当たり的でせっかちな「評価や判断」というノイズを差し引き、その上で自己洞察という深みを足していく寸法なのだ。

幸福度が上がるのであれば、個人は当然のこと、企業にとっても恩恵がある。

厚生労働省の試算によれば、自殺やうつ病による経済的損失は二兆七〇〇〇億円に上るという（「自殺・うつ対策の経済的便益（自殺やうつによる社会的損失）」厚生労働省）。マインドフルネスの実践により、不安症状を減らす効果があることが、過去に行なわれた複数の研究結果を統合し、それらをより高い見地から解析するメタ分析などから分かっている。[*8] ストレスで分泌が促進されるコルチゾール（副腎皮質ホルモン）や収縮期血圧、心拍数などが抑えられ、メンタルヘルスの改善で一般的な治療法と同等の効果があるとする研究もある。[*9]

マインドフルネスは、自分で自分の心身をモニタリングし、修正する技術だが、現在同時進行しているのは、心身の状態を最新技術で把握し、それを健康維持などにつなげる「ヘルステック」の社会実装である。

ヘルステックは、「ヘルス＝健康」と「テクノロジー＝技術」を組み合わせた造語で、最新の技術を駆使して医療やヘルスケアに関する新しい価値やサービス、それらを作り出すこと全般を指す。オンライン診療や遠隔医療はよく知られている一例だが、自己啓発において重要になるのは、デジタルデバイスに内蔵されたセンサー（感知器）などを活用した健康管理、健康増進の取り組みだ。

例えば、スマートフォンやスマートウォッチなどのウェアラブル端末などで測定された体温や血圧、心拍数、血中酸素、運動に伴う歩数や消費カロリーなどの生体情報が連携アプリに記録され、グラフなどで可視化されることにより、目標管理や動機付けの面で役立つほか、適切なアドバイスを受けることもできる。希望する従業員全員に無料で貸与している企業もあるほどだ。

ヘルステックのうちで脳に特化したものを「ブレインテック」と呼び、脳科学と最先端のデジタル技術によって、人間の認知や感情などを計測・解析し、改善・操作するための技術全体のことをいう。ｆＭＲＩ（磁気共鳴機能画像法）やＥＥＧ（脳波検査）といった専用装置で知見を深め、脳から意思を読み取って機械・ロボットを操作するＢＭＩ（Brain Machine Interface）などに応用している。医療やマーケティングの分野での活用が期待されているが、なかでも「ニューロフィードバック」（ＮＦ）は、自己啓発への転用が進んでいる。

ＮＦは、脳血流や脳波をリアルタイムで測定し、その意識状態のフィードバックを得ることで、自分の脳の神経活動を調整できるように訓練することを目的としている。筆者も一度試してみたことがある。網目の粗いニット帽のような脳波計を頭にかぶり、目の前のモニターで画像と音を凝視するだけの至ってシンプルなものだ。モニターに表示される画像と音は、脳波計から収集した周波数を反映したもので、いわば覚醒レベルの帯域を表している。「気が緩んでいて、注意散漫な状態」なのか、それとも「意識が鮮明で、集中力が高まっている状態」なのかを教えてくれるのだ。それがリズミカルな画像と音としてリアルタイムで出力されることによって、覚醒レベルを適切に自己調節するよう誘導される仕組みになっている。本人にとって日常生活や仕事における最適な脳の覚醒レベルを把握できるだけでなく、様々な場面に合わせてそのレベルを容易に切り替えられるようになるのである。

「これは魔法ではない。補助的なツールである」

「論理的思考には脳波の一五～一八ヘルツという周波数帯が関連し、一二～一五ヘルツが感覚運動領域のパフォーマンス向上に関わることがこれまでの研究で分かっている。究極的には、トレーニングを繰り返すことによって適切な時に適切な周波数帯を優勢にできるよう自己調節が可能になる。アスリートなどは『ゾーン』に入れるようになるという言い方をよくする」。

このように話すのは、カウンセリングや発達障害改善プログラムなど、個人・法人を問わず多彩なプログラムを提供している（株）マインドセット・デザインズ代表の廣田靖子だ。[*10]

NFは、日本ではまだあまり認知されていないが、欧米諸国では以前から発達障害などの治療で用いられており、近年アスリートの間で人気が高まっている。例えば、二〇二一年のBBCの記事では「パフォーマンスが向上する可能性が高い」という神経科医のコメントを紹介している。[*11] ワシントンポストの記事では、頭の中がもやもやとしていて、集中力などが低下するブレインフォグ（脳の霧）に悩まされてきた男性がNFのセッションを体験。「ニューロフィードバックから得た安らぎは、従来の治療法では決して得られない脳の徹底的な掃除のようなものだった」「EEGスキャンを行ったところ、以前のスキャンからの実際の神経学的変化がいくつか示され、私が経験していた主観的な感覚の経験的かつ定量的な証拠が得られた」などと述べた。[*12]

一方で、懐疑的な意見もある。ニューヨーク・タイムズの記事に掲載された大学の研究者の見解によれば、「ニューロフィードバック療法の成功例は治療法ではなくプラセボ効果によって引き起こされる可能性が高い」「施術者が診療所で作り出す『治癒環境』や、高度な脳モニタリング技術を使用する魅力と関係がある」などと否定的だ。[*13]

内閣府が主導する研究開発プロジェクト「身体的能力と知覚能力の拡張による身体の制約からの解放」が、ブレインテック（ニューロテクノロジー）に関する科学的根拠をまとめた「ブレイン・テック エビデンスブック ver1.0」によると、NFトレーニングによって注意機能が向上する可能性があると指摘。[*14]「注意機能のうち、実行制御に対するNFTの効果（例えば、2種類の判断を交互に切り替える際に反応時間が減少するなど）」が認められたとした。ただし、その効果がその他の注意力訓練法よりも大きいかどうかは不明としている。運動能力では、「健常成人がニューロフィードバックを使って7日以上訓練を続けると、訓練直後に運動能力が向上する可能性がある」としたが、「具体的にどのような運動能力（例：バランス感覚、持久力）にどの程度効果があるのかは、各種研究の数が少ないため断定できない」と記述している。

廣田は、「これは魔法ではない。あくまでも脳の機能を高めるための補助的なツールである」と強調する。『補助的』とするのは二つの意味がある。一つはNFは脳に電磁的刺激を加えず、あくまで自己トレーニングを補助するという意味合いである。もう一つは、NFという神経科学的アプローチを、カウンセリングやトラウマ治療などの心理的アプローチと併用することにより実効性が格段に高まるからだ」。現在、パワハラの加害者とされるマネージャーなどの役職にある従業員を対象に行なっており、良好な結果が出ているとした。最近は企業からの依頼が増加傾向にあり、取締役や部長などの幹部や上級管理職がストレスの低減やレジリエンスの強化を目的に訪れるという。また、集中力や創造性などを高めることを期待して、スポーツ選手や俳優、クリエイターなども利用している。

自由と不自由のジレンマを超近代的な悟りで解消

ＮＦの試みをはじめとする「脳の配線を変えられる」という技術的解決への希望は、「どのようにでも変化できる自由な自己」という近代以降の人間観と相性がいい。

テクノロジー哲学者のマーク・クーケルバークは、「私たちが自分を作り上げるのは私たち自身の自由かつ責任であるとする実存主義の考え方は、活動的な（攻撃的ではないにしろ）自己啓発文化のための広い哲学的な空間を切り拓いた強力な思想である」（『自己啓発の罠　ＡＩに心を支配されないために』青土社、二〇二二）と述べたが、現在もなおクーケルバークのいう実存主義的な人間＝「自らの選択によって自分自身を形づくる」という根源的な自由を持つ存在として、わたしたちは教育されている。「何者になるのか」というアイデンティティ上の問題と、職業選択が同じ問いとして語られる傾向があるのはそのためである。

その一方で、いくら近代社会が人々に無限の可能性を説いたところで、人間はそれほど自由な存在ではないという暗黒面も見えてきた。

わたしたちは社会という枠組みの下で生きており、その枠組みが「ないかのように」生きることはできない。自国の経済や文化などの影響を受けない人間などいないからだ。しかも大昔のように固定的な身分が保障されていないため、アイデンティティは常に不安定なものとなる。アイデンティティの探求は総じて「自由への片道切符」とならざるを得ない。もとより終点がないのだ。

自由とアイデンティティをめぐって現代人がおかれた状況を、社会学者のジグムント・バウマンは、的確な比喩で記述している。「アイデンティティを探求する者が持つ自由というのは、自転車に乗っている人の自由と似ていて、こぐのを止めたら倒れてしまう。だから、姿勢を保つためだけであっても、ペダルをこぎ続けなければならない。苦しくてもこぎ続けなければならない。それはつらい状況であるが、選択の余地はない——それ以外の状況は、考えるのも恐ろしいものであるのだから」（『リキッド・ライフ　現代における生の諸相』大月書店、二〇〇八）。もちろん、多くの社会学者が指摘しているように「自由な選択」は虚構かもしれない。だが、「こぐのを止めたら倒れてしまう」のであれば、虚構と知りつつも前に進むしかない。

これは、前章で紹介したギデンズのライフスタイルに関する論考を、より大きな視野で眺めたものといえる。

自己を徹底的にコントロールできること、それによって「幸せの設定値」をいかようにもできること、ブレイン・テックが支援ツールとして有効であること。これらのことは一面の事実ではあるものの、まるで商品開発のようにゼロベースから自己形成が可能だということにはならない。社会環境や生物的な限界という分かりやすい制約以外にも、わたしたちは膨大な制約を受けている。言い方を変えれば、それゆえにストレスとは無縁の平穏な感情生活を得るという内的な変革こそが「制約を迂回する」賢い選択に思えるのかもしれない。「どのようにでも変化できる自由な自己」と「にっちもさっちも行かない自己」というジレンマを、超近代的な悟りの技術によって解消するのである。

そう考えると、ゼロベースからの自己形成は非現実的ではあるが、マイナスの気分や感情を生じさせる「配線」を更新したり、取り除いたりといった方向性を含めて、「引き算型」の自己啓発は、予測困難な状況が支配する長期戦において、地味ではあるが幸福な人生を歩むための基礎的なスキルとして再評価されるのは無理からぬことである。

「無形の資産」としての健全な生活習慣

二〇一六年に刊行された話題書『LIFE SHIFT（ライフ・シフト）』は、来るべき時代の明暗を余すところなく描き出している点において、今後の自己啓発の羅針盤となり得る重要なビジネス書といえる。また「生涯を通しての幸福を生む最大の源は、煎じ詰めれば、無形の資産、つまり家族や友人との関係、それに好奇心や情熱なのだと肝に銘じておこう」と明言した点で、強烈なまでの時代性を帯びている。

著者である組織論学者のリンダ・グラットンと経済学者のアンドリュー・スコットは、平均寿命の延伸によって多くの人々が一〇〇歳まで生きるようになる「人生一〇〇年時代」を見据え、人生のロードマップを再編成することが必要になると主張している。簡単にいえば、社会経済情勢がますます激しく変化し、技術革新もそれに拍車を掛ける中で、わたしたちはこれまでの生き方を改めなければならないということだ。しかも、わたしたちを待ち受けているのは超長寿化という未知の世界である。八〇歳までの就労が当たり前になり、成人の時間がほぼ倍になる計算だ。

グラットン＝スコットは、生涯に二つか三つのキャリアを持つマルチステージの人生を送ることが重要になるという（図8-2）。それは、昭和の時代に典型だったような仕事一辺倒で、キャリアアップにのめり込み、過労も厭わない働き方ではなく、仕事・学び・遊びのバランスを取りながら、柔軟に人生を組み立てていくものだとしている。

このような見方は、第1章で論じた日本社会の行く末と完全にリンクしている。仕事よりもプライベートを優先する動きや、出世競争と距離を置く人々の増加だ。同時に、経験の価値や効率性に関わるコスパが重視されるようになる。それを筆者は「引き算志向で、脱力的で、自己防衛的なライフスタイル」と記述したが、その基層にはやはり幸福至上主義的な考

図8−2●マルチステージの人生プラン

出所：「ライフシフトについて」
https://str.toyokeizai.net/-/book/life-shift/about/

え方がある。むろん、そのようなライフスタイルを確立するためには、グラットン＝スコットのいう「無形の資産」がなければならない。「無形の資産」とは、常に健康であることを怠らないということだ。

私たちは健全なお金の使い方と貯め方を実践すべきなのと同じように、健全な生活習慣を実践する必要がある。無形の資産への投資の一環として、適切な食生活を維持し、運動を習慣づけるべきだ。また、医学が進歩すれば、好ましいとされる生活習慣も変わる。最新の医学情報に基づいて行動や習慣を修正するために時間を投資することも忘れてはならない。

グラットン＝スコットは、「人生一〇〇年時代」において「健康の価値はいっそう大きくなる」と述べている。引用文でも顕著なように、同書では、「投資」という単語が一七〇か所以上登場する。しかもその多くがお金や不動産に関する事柄ではない。知識やスキルへの投資、健康や人間関係への投資、学習と教育への投資、家族や活力への投資、自己改善への投資、感情の投資、「お金で買えないもの」への投資、自分を再創造するための投資……というふうな使い方だ。

これは、「１００年ライフでは、お金の問題に適切に対処することが不可欠だが、お金が最も重要な資源だと誤解してはならない。家族、友人関係、精神の健康、幸福などもきわめて重要な要素とされる」からである。そこでは貯蓄や節約、自制心をはじめとした自己管理能力が明晰に保たれていることが大前提になっている。浮気に走って家庭を壊したり、アルコールに溺れたり、オンラインカジノやネットショッピングで散財したり、不摂生と運動不足で肥満になったり、投資詐欺に遭ったりといった人生を狂わせるリスクを回避できるセルフケア能力と言い換えられるかもしれない。[*15]

つまり、生き馬の目を抜くような過酷な競争社会から足を洗い、肩の力を抜いてダウンシフター（減速生活者）的な路線を選択し、「小さな幸福」を生きることを目標とした場合であっても、グラットン＝スコットが提示したあらゆるリスクに備えた長期的な視点と戦略が不可欠になるのである。

家賃二万四〇〇〇円のユーチューバー

前述の「人生100年時代」は大げさだとしても、健康増進に関する知見の深化、予防医療の発達、医療技術の高度化によって健康寿命が「本人の予想を超えて」延伸する可能性が高くなることはまず間違いないだろう。加えて、AI技術をはじめとする技術革新に伴い産業・社会構造などが急激に変化し、スキルの陳腐化など仕事内容への影響は大きくなる。そのため、一つのライフスタイルにしがみつくのではなく、プランAがダメならプランB、プランBがダメならプランCというように、職業や働き方、お金の使い方、休日の過ごし方に至るまで包括的に再検討することが必要になるのだ。

これは直線的で、努力を積み重ねていく「成長」よりも、複線的で、機転と柔軟性で切り抜けていく「変身」の能力が優越する事態を指している。第2章で取り上げたミニマリストの人々が実践する「生活実験」のように、新しい生き方に向けて試行錯誤を繰り返すことや、別のロールモデルを貪欲に求め続ける態度と共通するところが多い。どうやれば生きやすくなるのか、どうすれば生活が楽になり、ストレスが減るのか、自分のこれまでの習慣やルールといったものを容赦なくチェックし、逐一是正していくのである。

例えば、あるミニマリストのユーチューバーは、家賃八万三〇〇〇円のアパートから二万四〇〇〇円のアパートに住居を変えた。彼が捨てた〝常識〟は「家賃は収入の三分の一」「友だちや知り合いは多いほうがいい」「服は毎日違うものを着ないといけない」というものだった。ストレスを減らすために、「通知オフ」「無理して働かない」「やるべきことを作らない」などを実践している。家賃などの固定費を大幅に減らしたことで、かつてのように正社員でフルタイムの仕事に従事するという束縛から解放され、その反動で生じていた浪費癖もなくなったという。固定費を極力低くし、YouTubeやVoicy（音声プラットフォーム）の収益や、アルバイトなど多様な収入源を持つことでリスクの分散を図っている。[*16]

彼の「変身」のきっかけになった出来事が借金だったことは示唆的である。遊興費や買い物で最終的に一〇〇万円以上になっていたという。クレジットカードの支払いを「リボ払い」（リボルビング払いのこと。クレジットの利用金額・件数に関係なく、一定の金額だけを支払う方式）にしていたことも一因だったようだ。また、会社員としての生活に馴染めず、大きなストレスになっていたことも見逃せない点だろう。

とはいえ、このような「変身」を遂げるには、自分にとってどのような環境が相応しいかを熟考した上で、世間体や見栄、親や周囲から刷り込まれてきた価値観といったものを一つひとつ相対化していく必要がある。これは想像以上に大変な作業である。物件探しの際によく判断が分かれる「ユニットバス問題」は、同種の困難さについての好例といえる。生理的な抵抗感などを理由にバスとトイレが別になっている物件にしか住めない人は多いからだ。けれども、それが家賃を大きく左右することもある。この一点ですら考え方を変えることは容易ではない。

グラットン＝スコットは、支出を抑え、堅実な消費パターンを身に付けること、時には古い友人を切り捨てて新しい人的ネットワークを築くことなど、引き算的なアプローチを推奨しており、「人生１００年時代」において幸福な人生を送るためには、計画性のある倹約生活が欠かせないことを付け加えている。

幸福の種子はミクロの世界に潜んでいる

幸福至上主義に基づき、人生の良し悪しを幸福度によって決定し、その評価を比較の対象として意識する「幸福度競争社会」は、低成長、人口減少、超高齢化といった現代的な環境に適応した〝新しい宗教〟といえる面がある。ここには気候変動や世俗化の進行といった要素も影響しているだろう。昨今、将来の予測が困難な状況を「ＶＵＣＡ」（ブーカ：Volatility（変動性）、Uncertainty（不確実性）、Complexity（複雑性）、Ambiguity（曖昧性）という四つのキーワードの頭文字を取った造語）と呼ぶが、要するに、個人レベルでもそれによる巻き添え被害を最小にするライフスタイルに対する需要が高まっているのだ。

運動、食事、睡眠……これらは未曽有の長期戦において、「健康資本」を形成するための最も重要な習慣であり、新たな倫理であり、行動規範なのである。厚生労働省は、二〇二四年一月に「健康づくりのための身体活動・運動ガイド２０２３」を策定し、成人には「息が弾み汗をかく程度以上の（３メッツ以上の強度の）運動を週60分以上」「運動の一部において筋力トレーニングを週2〜3日取り入れること」を推奨するとともに、「座位行動（座りっぱなし）の時間が長くなりすぎないように注意すること」などを示した。[*17] これらの内容は、最新の運動疫学研究が示す科学的知見から、身体活動量が多いほど疾患発症や死亡リスクが低いことや、座位時間が長いほど死亡リスクが増加することなどを踏まえている。

『スマホ脳』（新潮新書、二〇一九）で一躍注目の書き手となった精神科医のアンデシュ・ハンセンが著した『運動脳』（サンマーク出版、二〇二二）がヒットしているが、これは厚労省が示したようなエビデンスに基づく効果だけではなく、幸福感との関連が強く打ち出されている。しかも、これは一冊の本にとどまる現象などではない。

週に一〇分、またはたった一度の運動をするだけで幸福度を上げることができるというメタ分析[*18]をはじめ、運動が幸福感・幸福度に寄与するとするデータは増えてきている。二〇二〇年に世界保健機関（WHO）が発表した身体活動・座位行動のガイドラインでは、身体活動を行なうことによって、循環器病、2型糖尿病、がんが予防され、うつや不安の症状が軽減されると同時に、思考力、学習力、総合的な幸福感を高められると明言した。[*19]

良好な食生活と運動習慣が幸福感と関連していることを示すデータもある。[*20]例えば、公衆衛生学専門誌『American Journal Of Public Health』に掲載された一万人以上の成人を対象にした全国調査では、野菜と果物を頻繁に食べていると、わずか二年で幸福度や人生に対する満足度などが向上することが分かっている。[*21]食事指導によりうつ病などを治療する「精神栄養学」という分野があるぐらいだ。

良質な睡眠と幸福感、幸福度の相関についても様々なデータがある。[*22]

運動、食事、睡眠は、もはや単なるルーティンではなく、個人個人が自らの責任において日々取り組まなければならない終生のプロジェクトとなった。適切なエビデンスに基づき、適切なボタンを押すことによって、心身の負担はみるみる軽減され、コンディションが最適化されて、最高のパフォーマンスが引き出される。自らの心身の価値を高めるための活動こそが、人生の指針となり、糧《かて》となるのである。

社会学的に見ると、宗教とは「行動様式」（ヴェーバー）のことであり、「心の習慣」（ベラー）のことを指す。すなわち、人々の行動パターンとそれを支えている価値基準のことであり、わたしたちが意識する・しないにかかわらず身に付けている習性のことである。それなしで生きている人間は存在しない。幸福至上主義が唱道する「幸福になるための習慣」とは、そのような意味においてあまりに現代的な宗教であり、神なき時代の信仰と評することができるだろう。[*23]

崇拝の対象は「自己の幸福」である。今や大いなる発芽の可能性を秘めた幸福の種子は、脳細胞、筋肉の繊維、腸内細菌といったミクロの世界に潜んでいるのだ。とりわけ幸福が「ハッピーホルモン」「幸せホルモン」（主な神経伝達物質としてセロトニン、オキシトシン、ドーパミンが取り上げられることが多い）と称されるものの働きに由来するという言説がまさにその本質を捉えている。それらの真の可能性に気付くこと、資産運用と同様に「身体運用」の極意をいち早く知り、実行に移すことこそが幸福への近道となるのである。

「心の平安」がすべてなら社会問題は二の次に

もちろん、幸福至上主義に問題がないわけではない。自らの幸福度を上げることを最優先にすることによって、その他の事柄が疎かにされる可能性があるからだ。前述したマインドフルネスが分かりやすいが、従業員がストレスフルな環境に置かれていても、自らの認識を変えることでそれを緩和することができる技術は、結果的に企業側の不作為や過失の隠ぺいに加担する恐れがある。

自社のサービスや製品に問題があってクレームを受けたり、上司のパワハラのためにメンタル不調者が出ていたりするといった状況を仮定してみよう。その場合、マインドフルネスに習熟した従業員が観察モードに徹して、「評価や判断を加えることなく」受け流す事態があり得る。そうすると、企業の内部にある深刻な課題は手つかずのまま残されるだろう。つまり、ブラック企業のような存在にとっては非常に使い勝手の良い、体制補完的な技術として機能してしまうのである。

確かに従業員の中には、仕事への集中力が増したり、ストレスが軽減したりする者もいるだろう。けれども、すでにアメリカのベンチャーなどにおける活用のされ方を見ている限り、従業員の自助努力によってストレス耐性が身に付き、精神疾患の予防がなされ、以前と比べてメンタルヘルス不調によるコストを低減できると同時に、企業の体制に異議を唱えるような考え方を抑制する手段になっている。[*24]

経営層からすれば、極めて効率の良い瞑想法といえるだろう。

これは心理的な操作技術全般に当てはまる傾向でもある。極端な話「自分の心の平安」がすべてとなれば、ブラック企業だけではなく、格差や貧困、マイノリティに対する差別等々といった社会問題が二の次になってしまうからだ。それどころか、最悪の場合、自己変革に熱中する人々は、社会変革への希望をいとも簡単に捨て去るかもしれない。先のハッピーホルモンをいかに分泌させるかといったような脳内の物質のバランスの問題にしか感じられない形に矮小《わいしょう》化されてしまうのだ。そして、最終的には、不幸なのは「考え方を変えられなかった本人のせい」という自己責任化を促進しかねない。[*25]

さらに、事が厄介なのは、働く側もこのような技術を切実に必要としている点だ。健康状態は仕事のパフォーマンスに直接影響するため、自己管理の面で役に立つツールならば進んで使うだろうし、しかもそれが無償で提供されるならば断る理由はほとんどない。加えて、企業や管理者から有用な人材として、一定程度の配慮をされたいという承認やケアに対する欲求もあるだろう。

そもそも日本の企業による健康管理施策は、従業員同士のコミュニケーション活性化も狙っていることが多い。とりわけ運動やストレッチといったプログラムでは、個人の幸福度を上げるためにこそ、チームプレーや交流などメンタルに好影響を与える集合的な形態が採用されている。第6章で述べたコミュニティがない状況にあるならばなおさらだ。

オンライン・多様性・サバイバル

では、今後幸福至上主義が日本社会で大きな力を持つようになることが予想される中で、複雑かつ高度化する自己啓発文化とどう向き合うべきか、また、どのような処方箋があり得るのか、自己啓発の未来とともに結論を述べてゆきたい。

まず、筆者は自己啓発には二つの未来が待ち受けていると考えている。

「上流の自己啓発」と「下流の自己啓発」だ。

下流の自己啓発は、従来からあるビジネス書、スキルアップなどの研修やセミナーといったものに代表されるように、一般の人々がその気になれば入手できる情報から成り立っている。上流の自己啓発は、エグゼクティブやセレブに象徴される富裕層向けのものであり、高額の検査や優秀な医師、コーチといったプロフェッショナルとの個人的な付き合いから成り立っている。以下、それぞれ詳述する。

下流の自己啓発を適切に表しているキーワードは、「オンライン」「多様性」「サバイバル」である。

既述の通り、生成ＡＩなどの技術を用いたアプリは、わたしたちの心身を常時監視し、その変化を逐一記録し、データ分析などを経て、最適なアドバイスを提供してくれることだろう。これは企業で実施されている健康投資と同じく、わたしたちの脈拍や血圧などのバイタルや、睡眠状況、既往歴などの健康データをテック企業に預けることによって、ビッグデータの解析による研究成果やそれに基づくサービスの精度が上がるという仕組みで成り立っている。

ストレスレベルや運動量などが可視化されることで、行動修正を促され、より健全な生活習慣を身に付け、心身が最適化される好循環を形成する一助になる半面、アプリから取得できる人体情報には当然限界がある。参考程度に留めておく必要があるのだ。また、個人の健康データを提供することと引き換えであるため、プライバシーやデータ保護の面で常にリスクを抱えている。個々のアプリのセキュリティ対策の状況にもよるが、個人情報が流出したり、ハッキングなどの被害に遭ったりする可能性がある。

自己啓発のデジタル化が加速する一方で、何が良いアプリか、何が自分に合ったサービスかがより複雑になっていくともいえる。

これが次の多様性の傾向にもつながっていく。

昨今、多様性が尊ばれているが、かえって選択肢が多いことを苦にするという負の側面が見過ごされがちだ。思考のオーバーフローを引き起こすには十分過ぎるほどの情報が氾濫している。

例えば、運動が幸福度を上げるといったところで、どの程度の運動をどのくらいの頻度で続ければいいのか、最適解を導き出そうとするならば、医療機関のような場所で多種多様な運動メニューを一通りこなして、短期的な影響だけではなく、中長期的な影響も時間をかけて調べなければならない。なぜなら、運動の内容によってはケガや不調、何らかの健康障害を誘発する可能性があるからだ。自転車型のエルゴメーターで運動を行ない、血圧や心電図、呼気ガスを計測する心肺運動負荷試験が好例だ。筆者は、少人数制のジムに通っているが、運動中のケガは意外と多い。自分の筋力や習熟度に見合わない運動をしてしまうことが原因の一つだ。これは複数のヨガインストラクターから聞いた話だが、ヨガにのめり込んで逆に腰などを痛める例が少なくないという。それだけではない。最近流行りのパーソナルジムでは、トレーナーの専門知識や経験が少ない場合がある。そのせいでケガや体調不良につながることもよく起こる。

このようなリスクは運動に限らない。食事における糖質制限はあなたの体質には合わないかもしれないし、むしろ長期的には健康を害してパフォーマンスを低下させるかもしれない。瞑想を試みることによってあなたの不安はかえって増大し、精神状態を悪化させるかもしれない。[*26]

けれども、何もしないというわけにもいかないだろう。

少なくとも疾病という地雷を踏みたいと思っている人間はどこにもいないからだ。年収が低く雇用が不安定でも、持ち家がなく貯金が少なくても、結婚や交際相手に恵まれなくても、何とかして生き残っていかなければならない。下流の自己啓発は、「足し算型」であろうと「引き算型」であろうと、サバイバルモードが優位になっているのである。これは手持ちの資源が乏しく、余裕がないからだ。それゆえ、無料のアプリや動画、月々数千円で収まる書籍やサブスク、オンラインサロンといったもので心身の改善を図ることになる。

オフライン・ゲノム・非地位財

片や、手持ちの資源が豊富で、お金と時間に余裕のあるエリート会社員、経営者、あるいは富裕層にカテゴライズされる人々は、より精度の高い技術やサービスを購入できるだけでなく、しかるべき専門家などを直接雇用したり、専属の担当に指名したりすることができる。

先にも参照した『自己啓発の罠』のクーケルバークは「上流階級の間では、テクノロジーを全く使わないことが流行し始めた」「オフラインで自己啓発をし、個人間サービスを利用するというのが、新たな贅沢なのである」と論じたが、これはネットやアプリに張り付いていなければならない一般の人々と比べて「オフラインでいることができる」特権性を示している。一対一の個人カウンセリングが分かりやすいが、人間関係の質を担保した上で、最新の科学的知見に基づく予防医療や健康増進のための行動変容を進めることができるのだ。専門家でもないのに真偽不明の健康情報を漁ったり、自身の身体に有益かどうかも判断できない習慣を試行したりするロスから解放される意義は大きい。ビッグテックの監視の目からも離れて、ネット以前のような自由をたっぷり謳歌できる。

これは二つの点で有利である。実効性の高い行動修正と動機付けが確保されるからだ。

上流の自己啓発は、ゲノム（遺伝子をはじめとする遺伝情報の全体）解析などによって、個人の特性に合わせた食事や運動などの生活習慣、モチベーションの上げ方、気分の変え方、メンタルスキルの向上などの方法が明確になるテーラーメイド型の自己啓発といえる。このような行動修正は、幹細胞注射やホルモン療法などといったアンチエイジング（抗老化）の取り組みと並行して、一部の富裕層ですでに実践されており、今後一般化していく可能性が高いだろう。

ゲノム解析技術を用いたサービスは、医療・ヘルスケア分野では、自らの遺伝子を調べて体質を把握し、将来かかる可能性の高い病気を予防するため、生活習慣を改善する目的で使用されている。心筋梗塞や脳梗塞、がんなどの病気の発生に特定の遺伝子が関わっていることが明らかになっているからだ。日本で初めて一般向けに遺伝子解析を提供するサービスを始めた会社では、「購入したキットを使って唾液を採取して同社に送り返すだけで、前立腺がん、糖尿病、肥満、喘息、脱毛症などの疾患リスク、先祖がどの大陸から来たのかなど、約３００の項目で自身の遺伝子を調べてもらえる」という。[*27]

これらの遺伝子情報を用いて個人に合わせた栄養・食事・健康方法を提案するサービスも増えている。効果的なトレーニングを把握するために瞬発力と持久力、運動能力の適正に関する三つの遺伝子について口腔粘膜を採取する検査キットで調べるサービスなどがある。ストレス耐性や、集中力・注意力なども分かることから、アスリートなどが参考にしている場合が多いという。

変わったものでは、腸内細菌叢《さいきんそう》のDNA検査によって、腸に適した食品やサプリメント、管理栄養士からのアドバイスを提案するサービスなどがある。近い将来、ゲノム解析などの分析技術がさらなる進化を遂げ、個人に完璧に合致するライフスタイルを提示できるようになれば風景は一変するだろう。パフォーマンスを最大化するボタンや、心身を最適化するボタンが明確になるため、有効性が飛躍的に高まるからだ。「完全テーラーメイド型」の自己啓発といえる。

いうまでもなく以前に比べてゲノム解析が手頃な価格帯になったからだが、娯楽レベルから医療診断レベルのものまでがあり、当然後者になるほど高額で信頼性が高くなる。けれども、これらのデータが生涯の生産性や幸福度に少なくない影響を与えるとなれば、試さない手はないだろう。確度の高いエビデンスとかかりつけの専門家のお陰で、習慣を改善するモチベーションは維持されやすくなり、人生全体の時間効率も良くなるだろう。

さらに付け加えると、幸福度に関しては、持てる人々は、物質的な資産の守りを固めた上で、グラットン＝スコット的な「無形の資産」に熱い視線を送っている。

経済学者のロバート・Ｈ・フランクは、幸福度のバランスを説明する観点から「地位財」と「非地位財」という考え方を提唱した（『ダーウィン・エコノミー　自由、競争、公益』日本経済新聞社、二〇一八）。「地位財とは、その評価が背景にきわめて影響を受けやすい財」であり、「非地位財とは、評価に対する背景の影響が相対的に低い財をいう」。「地位財」の典型は社会的な地位であるが、家や車、所得や資産など物質的で数値化できるものが多い。それは「他者と比較することで得られる幸福」といえる。

一方、「非地位財」は、健康や愛情、自由、自主性、良質な環境といった「他者との比較に関係なく得られる幸福」を指す。前者は相対的な幸福感であり、後者は絶対的な幸福感である。フランクは、「私たちには地位財が多すぎる一方、非地位財が少ない」と述べている。上流の自己啓発が自己の生存・維持という段階を主戦場にせざるを得ないのと対照的に、上流の自己啓発は「非地位財」の充実に惜しみなく資源を投じ、心身機能の向上、抗老化といった自己の増強・進化を主戦場としているのだ。その差は、わたしたちが考えている以上に大きい。

「反自己啓発」という名の自己啓発

結論に入るに当たって、もう一つ重要な動きがある。

ここ一〇年ほどで目に付くようになった「反自己啓発」の潮流だ。

これは上流、下流を問わず静かなブームとなっている「引き算型」の自己啓発の亜種といえる。なぜなら、ナポレオン・ヒルや引き寄せの法則といったニューソート的な信念、あるいはリスキリングとレジリエンス（ストレスからの回復力）に適応した「最強の脳」の効用を説くビジネス書を〝拒否せよ〟と叫ぶ一方で、人格の完成を目指す古典的な教養や、幸福を重んじるストア派的な処世術などを勧めているからだ。

主だった書籍のラインナップを見ると、スヴェン・ブリンクマン著『地に足をつけて生きろ！　加速文化の重圧に対抗する7つの方法』（Evolving、二〇二二）、オリバー・バークマン著『ネガティブ思考こそ最高のスキル』（河出書房新社、二〇二三）、『ＨＥＬＰ！「人生をなんとかしたい」あなたのための現実的な提案』（河出書房新社、二〇二三）、酒井穣著『自己啓発をやめて哲学をはじめよう』（フォレスト出版、二〇一九）などが挙げられる。[*28]

例えば、ブリンクマンは、「自己啓発書や伝記ではなく小説を読め」と挑発する。けれども、すぐその後で小説が哲学者のミシェル・フーコーが提唱する「自己のテクノロジー」の一種であると口を滑らしてしまっている。これはブリンクマンが誠実だからなのだが、自己啓発文化と近代人の主体形成において、相違点よりも共通点が多いことを示している。

自己のテクノロジーとは、個人が自らの主体を創造したり、作り変えたり、育成したりするための道具全般を指している。ブリンクマンは言う。「フーコーは歴史上のさまざまな時点を取り上げ、その時代を代表する自己の技術（ストア派の手紙、自伝的告白、試験、禁欲主義、夢解釈など）を考察している。フーコーの自己技術は、あたかも自己啓発の概念と同義であるかのように見えるかもしれない。そして、ある意味ではその通りである」と。続けて、現代の自己啓発が「内なる自己」を当然の存在と考えているが、フーコーは画家が肖像画を描くようにして作り出される幻想だと考えたとその違いを述べる。そして具体的な提案として、ミシェル・ウエルベックや村上春樹などの小説を月に一冊程度を読むべきだという。

これは、あまりにもお気楽ではないだろうか。

経済的な苦境や、市場における無慈悲な品定めを絶えず意識せざるを得ない人々にとって、サバイバルは日常であり、「内なる自己」が真実か幻想かはどうでも良く、重要なのは、ある魅力的なアイデアが使えるか使えないかでしかないのだ。

お片付けやミニマリズムの真価は、モノを捨てたりモノを最小限にしたりしたことによって生じる自己変容に、科学的な因果関係があるかどうかといった検証などよりも、実際に得られた「新しい自己のようなもの」の確からしさといった成果を重視することにある。第2章で詳述したやましたひでこの「『見えない世界』とつながる自己」は幻想かもしれない。けれども、そのように自己と自己を取り巻くものの見方が変わることによって、人生が適切に軌道修正されたというプラグマティック（実利的）な側面がすべてなのだ。

要は、「慢性的な不幸感」や「生きづらさ」といった個人的な課題を解決する「機能」が備わっているかどうかが重要であり、端的な例を挙げるならば、精神科医やカウンセラーよりも、占い師やモチベーショナルスピーカーのほうが有効に「機能」する場合があり得るのである。何がその人に相応しいかどうかは試してみるまで分からない。若い世代ほど誰かに何か言われなくても、使えるものは割り切って使うニュートラルな姿勢になっている。インフルエンサーがシェアしている根拠薄弱なライフハックであっても、自らの不安が解消されたり、モチベーションがアップしたりするのであればそれで何の問題もない。ただし、当人はそれを自己啓発という概念で捉えていないかもしれない。わたしたちは「自分が思っている以上に大同小異かもしれない」という謙虚なバランス感覚を持っていないと、軽はずみな言動によってトラブルを招くおそれすらあるだろう。

自己啓発と意識されない自己啓発は、いわゆる古典の再評価でも頻繁に見られる。

ブリンクマンが「反自己啓発哲学としてストア派思想は間違いなく役に立つ」と述べているように、自己啓発を嫌悪する人々の間でストア派がちょっとしたブームになっている。バークマンも『ネガティブ思考こそ最高のスキル』で、「引き寄せの法則」に疑問を呈し、ストア派が推奨する最悪の事態をあえて想像し、それに正面から取り組む「悪事の熟考」に軍配を上げている。けれども、実は認知行動療法（CBT）の源流はストア派なのである（ドナルド・ロバートソン『認知行動療法の哲学　ストア派と哲学的治療の系譜』金剛出版、二〇二二）。

ストア派は自分たちの哲学を訓練として捉え、自然と調和して生きることで幸福になることを目的としている。重要な教えの一つは、わたしたちの力でどうにかできるものと、どうにかできないものの違いを見極め、それを粛々と受容することだ。悲惨な出来事に見舞われても、ストア派的な分別が備わっていれば、不必要なダメージを負わずに済むというわけである。第7章で取り上げたフランクル＝コヴィーの「選択の自由」から、ひろゆきの「『自分のできること』ではないから雨に怒らない」逸話へと続く思考のメソッドこそがストア派的なものの末裔《まつえい》なのだ。

自己啓発から自己強化、人間拡張へ

そもそも、わたしたちは劇的に変化する社会状況と無関係ではいられない。賃金停滞が長期トレンドになり、社会保険料の増加や物価高が続けば、経済面における自己防衛が必要になり、節約志向を正当化する論理を探さざるを得なくなるだろう。消費による気晴らしが困難となれば、非消費的な気晴らしがむしろ消費による気晴らしよりも有益で一枚上手だという価値観が不可欠になる。わたしたちは自分の生活を守ると同時に、自分の自尊心も守らなくてはならないからだ。

ここにおいてこそ幸福至上主義が極めて都合の良いイデオロギーとして重宝される余地がある。そして、今や幸福であるか否かは、「持てる人々」にとっても死活問題なのである。よって、「自己啓発はくだらない」とか「自己啓発は無意味」という冷笑的な振る舞いは、無責任であるとともに非現実的ですらある。そもそも、「足し算型」の自己啓発からしてそうだ。今以上に仕事でより良い成果を残す、前年度比○％以上売り上げる、会社への貢献度が高く評価され、マネージャーに抜擢されるといった成長志向は、近代社会の精神そのものだからだ。

近代以前の人々は、社会学者のマックス・ヴェーバーがかつて述べたように、皆「年老いて生きるのに飽きて」死んでいった（『職業としての学問』岩波文庫、一九七七）。なぜなら、絶えざる進歩という思想がまだなかったからである。古代の農夫たちについてヴェーバーは「有機的に完結した人生」だと評したが、わたしたち近代人は、「生きるのに飽きる」どころか、常に新しい知識や技術による社会変化にさらされ、その都度バージョンアップすることを余儀なくされている。無限の進歩を掲げる近代に終点はなく、わたしたちの世代も通過点でしかない。それらのダイナミズムに応じたさらなる成長、変革、修正を強いられているのだ。自己啓発の基底にあるのは、ヴェーバーが指摘した「文明の絶え間ない進歩」であり、そこから完全に逃れることは夢のまた夢なのである。

近代社会と自己啓発を切り離すことが不可能であるならば、付き合い方を見直すことぐらいしか対処のしようがないことも明白になる。現在、国家も企業も生涯にわたって学び直しができるリカレント教育とその支援の重要性を説いており、労働力不足や社会保障費の増大などを背景に健康寿命の延伸が至上命令になっている。逆説的ではあるが、このプレッシャーから一定の距離が取ることができるのは、自己啓発においてニーズの高い各種スキルを自家薬籠中の物としている人物なのだ。

つまり、国家や企業が個人に課しているような大文字の自己啓発で消耗しないためには、必然的に別の自己啓発——自己啓発文化を超脱できるメンタルタフネスを習得すること——が必要になるという皮肉である。

筆者のスタンスは明快だ。多様な自己啓発文化、あるいは普段意識されていない自己啓発的な思想に対する理解を深めた上で、どのような進路を取り得るかを徹底的に思考することである。今述べた別の自己啓発による超脱も選択肢から排除しない。けれども、その際、重要になるのは自分の生活や人生における優先事項との兼ね合いだ。そして、後述するように、自分だけで抱え込むべき問題なのかどうかの熟考が必要になる。

企業レベルでも個人レベルでも、自己啓発的な言説が広く薄く浸透しているため、自己啓発文化をひたすら無視したり、無自覚を装い続けたりすることは、あまり推奨できない。それこそ前述の「完全テーラーメイド型」の自己啓発は、五〜六年ほど経ってみたら、社会実装が本格化して否定し難いものになっている可能性がある。それを実行するかしないかで、健康寿命や幸福度の帰趨《きすう》が決定されるとなれば、自己啓発の概念すら変わることだろう。つまり、そのときにはそれをもう自己啓発とは呼ばないかもしれないのだ。

科学的に特定の能力や機能を増強することを意味する「自己強化」（Self-enhancement／Self-reinforcement）や「人間拡張」（Human Augmentation）といった概念は、かなり前から議論されてきているが、今や自己啓発文化はこのようなテクノロジーと融合し始めている。その境目はどんどん曖昧なものとなり、とりわけ上流の自己啓発でその威力を発揮することだろう。

これは軍事分野においては兵士の強化研究として行なわれてきたものでもある。実際、アメリカの国防総省国防高等研究計画局（ＤＡＲＰＡ）は、「長時間眠らないで活動できるようにする薬物や頭部磁気刺激の開発」「体温調節などの体内代謝を制御し、食事をとらずに活動できるようにする技術」「人間とコンピューターを繋ぎ情報処理と兵器や装備の運用の能力を高める技術」「脳内物質を投与し学習能力を高める技術」「認知行動療法と薬物の投与によってストレスへの耐性を高める技術」などに取り組んでいる（櫛島次郎『科学技術の軍事利用』平凡社新書、二〇二三）。

「ひとりで解決しなければ」という思い込み

なぜここまで個人の能力向上に対する社会的な要請が高まりを見せ、ストレスや不安を最小化するといった引き算的な処世術も強く求められているのだろうか。

社会経済状況の影響は当然大きいが、第6章でも触れたように、その根底には孤独・孤立の問題がある。他者に頼るといったことができないからこそ、自分で何とかするしかなくなるのだ。

仕事への不満や、将来に対する漠然とした不安は、ささいなコミュニケーションの積み重ねで解消されるものであったりするが、今はそのような機会は自然発生的に生じることはない。自分から積極的に人間関係を構築し、くつろげる場を探したり、新たに作ったりする必要がある。

ひろゆきは、『1%の努力』の最後の部分で非常に重要なことをさらっと述べている。「受験がうまくいかなくても、就職が決まらなくても、事業で失敗しても、お金がなくなっても、家で友達と酒を飲みながら自虐を言えば、ゲラゲラ笑ってくれる。／それに代わる人生の楽しみが他にあるだろうか」と。ここには「友達」という存在が当然のように出てくる。続けて、「『こんなヒドい目に遭ったんだよ』／そう言って話せる人が、あなたの周りにいること。それを心から願っている」と締めくくるのだ。これは冒頭の赤羽のエピソードにおける『共同体』のような生態系の中で、競争せずにダラダラ過ごせる支え合いが大事なのではないかと思う」に呼応している。

あとがきに書いている通り、ひろゆきは実りのあるコミュニケーションの恩恵に与れる関係づくりの難しさも弁《わきま》えている。そう、「引き算型」の自己啓発は、引いた分を人とのつながりによって補うことが不可欠になっており、それは何らかの有益なネットワークやコミュニティのことを指している。

ＦＩＲＥの原典と日本での受容のされ方の違いが大いに参考になる。

ＦＩＲＥとは、Financial Independence, Retire Early の頭文字を取った言葉で、経済的自立と早期リタイアのことを意味する。何千万もの大金を投資などで稼いで仕事を辞め、好きなことをするという文脈で語られてきた。

だが、ＦＩＲＥブームの火付け役である社会投資家のヴィッキー・ロビンとボランティア活動家のジョー・ドミンゲスは、『お金か人生か　給料がなくても豊かになれる９ステップ』

（ダイヤモンド社、二〇二二）で、倹約は「たったひとりの孤独なレンジャーになって、すべてを自前主義で行うということではありません」と言い、様々なコミュニティの一員となって、貸し借り、物々交換、共有などのシェアリングエコノミーに加わることを推奨している。そこには、単に実務的なノウハウだけではなく、仲間たちとの語らいがある。

実際、ＦＩＲＥを達成したアメリカ人の多くが、社会との接点を失って孤立しがちな日本人のＦＩＲＥ達成者と対照的に、互恵的なネットワークの構築に熱心に取り組んでいる。ロビンとドミンゲスも「コミュニティとかかわることが幸福（そして倹約）につながる１つの道」と断言する。第２章で取り上げたアメリカのミニマリストたちも、国際的なコミュニティから地域社会に至るまで交流や貢献といったつながりを非常に重視している。


「引き算型」の自己啓発は、「成功するのは困難なので、賢く生き残って、楽しく生きる」という精神であることは前に述べた。とはいえ、日本においても大半の企業が生産性の向上を狙った自己啓発の実践を従業員に求めており、どんなに自由気ままな自営業であってもそのような企業文化や社会的な影響から無縁でいることはできない。

もし、「自分は自己啓発に興味がない」「できれば自己啓発と関わりたくない」と思っているのであれば、本書でこれまで論述してきた近代と不可分である強固なメカニズムを把握した上で、数多のリスクや被害を最小限のとどめる生存戦略を練って、出口戦略を考えていかなければならない。わたしたちは自動思考のようについつい自分自身を変えることばかりに囚われてしまう。考え方や気分、言動や容姿、生活習慣……そこに巣くっている病魔こそが「一人で解決しなければならないという思い込み」なのである。もちろん、日に日に過酷さが増す世界で生き残っていくための自己変革、ライフスタイルの転換は宿命的なものといえる。だが、誰の手も借りずにそれを成し遂げるのは酷であるばかりか、無謀である。

わたしたちが最初に取り掛からなければならない作業は、「一人で解決しなければならないという思い込み」を解除することなのである。その気付きこそが一条の光となるだろう。

＊1　世界的によく使われているのは、主観的幸福を評価する指標で、「あなたは全体としてどの程度幸せですか」と尋ねて、「とても不幸」0点～「とても幸せ」10点の11段階で回答させるもので

ある。『火星からの侵入　パニックの社会心理学』(斎藤耕二・菊池章夫訳、川島書店、一九七一)などの著作で知られる社会心理学者のハドレー・キャントリルが作った「キャントリルの階梯(Cantril Ladder)」と呼ばれる手法だ。

＊2　二〇二二年九月二六日に筆者が行なった出版科学研究所の久保雅暖主任研究員へのインタビュー。

＊3　一九二〇〜三〇年代のアメリカ・シカゴのウェスタン・エレクトリック社のホーソン工場で行われた労働者の作業能率に関する調査研究のこと。当時は経営学者のフレデリック・テイラーが提唱する科学的管理法が主流だったが、この実験によって作業能率は外部の環境ではなく周囲からの評価や連帯意識などに影響されるという結論が得られたことから、生産性において人間関係を重視する「人間関係論」などに発展していった。

＊4　エヴァ・イロウズ／ヤーラ・ベンガー・アラルフ「第3章感情資本主義」(和田光昌訳)、A・コルバン／J-J・クルティーヌ／G・ヴィガレロ監修、ジャン=ジャック・クルティーヌ編、小倉孝誠監訳『感情の歴史Ⅲ　19世紀末から現代まで』(藤原書店、二〇二一)所収。

＊5　経済産業省ヘルスケア産業課「健康経営の推進について」(令和4年6月)
https://www.meti.go.jp/policy/mono_info_service/healthcare/downloadfiles/kenkokeiei_

gaiyo.pdf

健康経営は、経営学者で心理学者のロバート・H・ローゼンが一九八〇年代に提唱したもの。アメリカでは公的医療保険がないため、企業が従業員を民間医療保険に加入させて費用補助を行なってきたが、その負担が重荷になっていたことが直接的な背景にある。日本では二〇一三年の日本再興戦略を機に本格的な取り組みが始まっている。

*6 The Benefits of Frequent Positive Affect: Does Happiness Lead to Success?（https://www.apa.org/pubs/journals/releases/bul-1316803.pdf）

Emotional Status and Productivity: Evidence from the Special Economic Zone in Laos（https://www.mdpi.com/2071-1050/12/4/1544）

Does Employee Happiness Have an Impact on Productivity?（https://pubsonline.informs.org/doi/10.1287/mnsc.2023.4766）

Are happy workers more productive? Firms' concerns about the well-being of their employees are largely supported by the evidence（https://wol.iza.org/uploads/articles/315/

pdfs/are-happy-workers-more-productive.pdf)

＊7 Peter Salovey, John D. Mayer "Emotional Intelligence" 一九九〇年三月
ＥＱとは、一九九〇年に心理学者のピーター・サロベイとジョン・メイヤーが発表した理論。人間の知能には感情を知的に処理する能力があり、それらは「情動の識別」「情動の利用」「情動の理解」「情動の調整」といった要素で構成されるという。心理学者のダニエル・ゴールマンが『ＥＱ〜こころの知能指数』でサロベイとメイヤーの論文に基づき、感情をコントロールし、人間関係を上手に維持する知性の発揮こそがビジネスや社会生活を豊かにする鍵であると自論を展開したことによりＥＱが広く認知されるようになった。

＊8 Mindfulness-based stress reduction (MBSR) for improving health, quality of life and social functioning in adults: a systematic review and meta-analysis（https://onlinelibrary.wiley.com/doi/full/10.4073/csr.2017.11）

The Empirical Status of Mindfulness-Based Interventions: A Systematic Review of 44 Meta-Analyses of Randomized Controlled Trials(https://journals.sagepub.com/doi/full/10.1177/1745691620968771)

＊9　Mindfulness mediates the physiological markers of stress: Systematic review and meta-analysis／Journal of Psychiatric Research　Volume 95, December 2017, Pages 156-178 (https://www.sciencedirect.com/science/article/abs/pii/S0022395617301462)

Do workplace-based mindfulness meditation programs improve physiological indices of stress? A systematic review and meta-analysis（https://www.sciencedirect.com/science/article/abs/pii/S0022399918305749?via%3Dihub)

＊10　二〇二二年三月三一日に筆者が行なった（株）マインドセット・デザインズの廣田靖子代表へのインタビュー。

＊11　Smart headbands claim to make people calmer. Do they work?／２０２１年10月11日／BBC (https://www.bbc.com/news/business-58813873)

＊12　Psychotherapy never cleared my 'brain fog' and mental health woes. So I tried neurofeedback.／２０２１年９月18日／The Washington Post（https://www.washingtonpost.com/health/neurofeedback-brain-fog-mental-health/2021/09/17/d05e849a-e4e4-11eb-8aa5-5662858b696e_story.html)

＊13　Can Monitoring Brain Waves Boost Mental Health?／２０２２年1月12日／The New York Times
https://www.nytimes.com/2022/01/12/well/mind/neurofeedback-therapy-mental-health.html

＊14　ブレイン・テック ガイドブック作成委員会「ブレイン・テック エビデンスブック vl.3」２０２４年３月29日（https://brains.link/wp/wp-content/uploads/2024/04/Braintech_evidencebook_ver1.3.pdf）

＊15　引き算の思考は、自制心の再評価をもたらしている。これは欲望の引き算であり、もっといえば重荷となる考え方を捨て去ることである。かつて社会学者の本田由紀は、現在のような社会で人々に要請される能力を「ポスト近代型能力」と呼び、「文部科学省の掲げる『生きる力』に象徴されるような、個々人に応じて多様でありかつ意欲などの情動的な部分――『ＥＱ』！――を多く含む能力である」と定義した。努力でどうにかなる側面が強かった「近代型能力」と異なり、「個々人の人格や感情、身体などと一体化したもの」としている（『多元化する「能力」と日本社会』ＮＴＴ出版、二〇〇五）。加えて、これらの能力の形成に当たっては「家庭環境」が重要な意味を持つと述べている。これは、要するに、適切な自己コントロールができる主体だということである。もはや仕事と私生活の区別はなく、健康な身体を維持するための衣食住において示される自制は、その人間の「能力」の本質を映し出しているとみなされるのだ。例えば社会学者の

デボラ・ラプトンが述べているように、「食べ物をコントロールすることは、主観性をコントロールすることでもある」からだ（『食べることの社会学　食・身体・自己』新曜社、一九九九）。

＊16　【ミニマリスト】働かないで生きていく「最強のセミリタイア術」。人生楽しくするのも、つまんなくするのも、全部自分次第。２勤５休―スローライフ―丁寧な暮らし―生活費10万円―(https://www.youtube.com/watch?v=x977Xa_U0hU&t=746s)

＊17　「健康づくりのための身体活動・運動ガイド２０２３」(https://www.mhlw.go.jp/stf/seisakunitsuite/bunya/kenkou_iryou/kenkou/undou/index.html)

＊18　Association between physical exercise and mental health in 1·2 million individuals in the USA between 2011 and 2015: a cross-sectional study (https://www.thelancet.com/journals/lanpsy/article/PIIS2215-0366(18)30227-X/abstract#seccestitle10)

A Systematic Review of the Relationship Between Physical Activity and Happiness (https://link.springer.com/article/10.1007/s10902-018-9976-0)

Happier People Live More Active Lives: Using Smartphones to Link Happiness and Physical

Activity (https://journals.plos.org/plosone/article?id=10.1371/journal.pone.0160589)

*19 World Health Organization. "WHO guidelines on physical activity and sedentary behaviour" 2020.

*20 Associations between lifestyle behaviour changes and the optimal well-being of middle-aged Japanese individuals (https://bpsmedicine.biomedcentral.com/articles/10.1186/s13030-021-00210-5)

*21 Lifestyle and Life Satisfaction: The Role of Delayed Gratification (https://link.springer.com/article/10.1007/s10902-021-00440-y)

Evolution of Well-Being and Happiness After Increases in Consumption of Fruit and Vegetables (https://pubmed.ncbi.nlm.nih.gov/27400354/)

*22 Changes in Sleep Duration, Quality, and Medication Use Are Prospectively Associated With Health and Well-being: Analysis of the UK Household Longitudinal Study (https://pubmed.ncbi.nlm.nih.gov/28364423/)

The influence of sleep on subjective well-being: An experience sampling study. (https://doi.org/10.1037/emo0001268)

＊23 そもそも幸福は定義できるものなのだろうか。古代ギリシャの哲学者アリストテレスは、幸福にこだわったことで有名である。アリストテレスは幸福を「最高善」とし、動物にはない理性の活動によってのみ得られると説いた。それは習慣化によって、考え方や行動のくせを身につけることにかかっていると述べ、性的な快楽や一時的な幸運によるものは真の幸福ではないと退けた。非常に抑制的で、知性的な幸福感といえる。一般的な幸福のイメージとして、心身が健康な状態で、家族をはじめとする人間関係に恵まれ、やりがいのある仕事を得ていることが想像されやすい。しかしながら、この条件を満たしていても不幸な人々はごまんといる。なぜなら、文化や個性などによって幸福であるかどうかの受け取り方は変わるからだ。例えば、心身に何の問題もなく、出世街道を順調に進み、プライベートも充実しているエリート会社員が、実は「何とも言えない虚しさ」を抱えているなどすることは、客観的なデータからは見えづらいだろう。

＊24 経営学者で禅僧でもあるロナルド・パーサーは、『McMindfulness: How Mindfulness Became the New Capitalist Spirituality』(Repeater、二〇一九)で、マインドフルネスが従業員個人のストレス対処能力を向上させる一方で、職場環境や組織文化の問題を覆い隠すものとしても機能し得ると主張している。なぜなら、「不満と苦痛の根本的な原因が私たちの頭の中にある」と教

えるからだという。パーサーは、「マインドフルネスは、ポジティブ心理学や広範な幸福産業のように、ストレスを非政治化し、個人化した」として警鐘を鳴らしている。

*25 心理学者のエドガー・カバナスと社会学者のエヴァ・イルーズは、『ハッピークラシー　「幸せ」願望に支配される日常』みすず書房、二〇二二で、人生で最も大切なのは「幸福」の追求とするイデオロギーが浸透しつつある現状について、「科学的妥当性」「社会的影響」「心理的影響」「道徳的影響」の四つの観点から重大な懸念があると指摘。「ここで注目すべきは、幸せへの科学的アプローチとその周辺に拡大した幸せ産業が、裕福か貧困か、成功するか失敗するか、健康か病気かは自己責任だという仮説の正当化に大きく貢献しているという事実だ。さらには、構造的な問題はなく、あるのは精神的な力不足だとする考えにも正統性を与えている」「幸せの科学は、苦しむか幸せになるかは個人的な選択だと主張する。逆境を個人的成長の機会として利用しない人間は、その個人の事情に関係なく、不運を望んでいるのではないか、自業自得ではないかと思われる。結局、われわれはたいした選択肢は与えられない。幸せの科学はわれわれに幸せになることを強いるだけでなく、もっと幸せで成功した人生を送らないのをわれわれの責任にする」と述べている。

*26 Adverse events in meditation practices and meditation-based therapies: a systematic review (https://onlinelibrary.wiley.com/doi/10.1111/acps.13225)

＊27　遺伝子解析で「より良い生活」をサポート〜体質を明らかに、病気の予防も可能〜 Science Portal（https://scienceportal.jst.go.jp/gateway/sciencewindow/20200227_w01/）

＊28　オリバー・バークマンの著作は、前者が『解毒剤　ポジティブ思考を妄信するあなたの「脳」へ』（東邦出版、二〇一五）を改題した新装改訂版、後者が『HELP!：最強知的〝お助け〟本』（東邦出版、二〇一四）を改題した新装版になっている。

真鍋厚（まなべあつし）
1979年奈良県生まれ。大阪芸術大学大学院芸術制作研究科修士課程修了。評論家、著述家。出版社に勤務する傍ら評論活動を行っている。専門はコミュニティ、自己啓発、宗教、孤独・孤立、陰謀論、テロリズム、ネットリテラシー、映画批評など。著書に『不寛容という不安』『共同体なき死』（以上、彩流社）、『テロリスト・ワールド』（現代書館）、『山本太郎とN国党』（光文社新書）がある。

人生《じんせい》は心《こころ》の持《も》ち方《かた》で変《か》えられる？

〈自己啓発文化《じこけいはつぶんか》〉の深層《しんそう》を解《と》く

2024年9月30日初版1刷発行

著　者 ── 真鍋厚
発行者 ── 三宅貴久
装　幀 ── アラン・チャン
印刷所 ── 堀内印刷
製本所 ── 国宝社
発行所 ── 株式会社 光文社
東京都文京区音羽1-16-6（〒112-8011）
https://www.kobunsha.com/
電　話 ── 編集部03（5395）8289 書籍販売部03（5395）8116
制作部03（5395）8125
メール ── sinsyo@kobunsha.com

 ISBN 978-4-334-10422-1

1316
なぜＢＢＣだけが伝えられるのか
民意、戦争、王室からジャニーズまで
小林恭子

大戦による「危機」、政権からの「圧力」、そして王室との「確執」まで――。報道と放送の自由のために、メディアは何と向き合ってきたのか？ 在英ジャーナリストと辿る「ＢＢＣの一〇〇年」。

978-4-334-10352-1

1317
「ふつうの暮らし」を美学する
家から考える「日常美学」入門
青田麻未

家の中の日常に「美」はあるか？ 椅子、掃除、料理、地元、ルーティーンを例に、若手美学者が冴えわたる感性で切り込む。「美学」の中でも新しい学問領域、「日常美学」初の入門書。

978-4-334-10353-8

1318
フランス　26の街の物語
池上英洋

フランスの魅力は豊かな個性をもつそれぞれの街にある――。美術史家が、人、芸術、歴史、世界遺産の観点から厳選した26の街を訪ね歩き、この国がもつ重層性と多面性を、新視点で綴る。

978-4-334-10354-5

1319
等身大の定年後
お金・働き方・生きがい
奥田祥子

再雇用、転職、フリーランス、NPO法人などでの社会貢献活動、そして管理職経験者のロールモデルに乏しい女性の定年後に焦点をあて、あるがままの〈等身大〉の定年後を浮き彫りにする。

978-4-334-10375-0

1320
日本の政策はなぜ機能しないのか？
ＥＢＰＭ《エビデンスに基づく政策》の導入と課題
杉谷和哉

データやファクトに基づき政策を作り、適切に評価する。当たり前のことのようで、これが難しい。その背景を公共政策学の知見から分析し、「政策の合理化」を機能させる条件を考える。

978-4-334-10376-7

1321
日本の古代とは何か
最新研究でわかった奈良時代と平安時代の実像

有富純也 編　磐下徹
十川陽一
黒須友里江
手嶋大侑　小塩慶

国家や地方は誰がどう支配していたのか？　藤原氏は権力者だったのか？「唐風文化から国風文化へ」は本当？　受領は本当に悪吏だったのか？…気鋭の研究者らが新たな国家像に迫る。

978-4-334-10377-4

1322
名画の力

宮下規久朗

名画の力とは、現場で作品に向き合ったときこそ発揮されるものなのだ――。伝統の力から現代美術、美術館まで。七つのテーマで美術の魅力をより深く味わう極上の美術史エッセイ。

978-4-334-10378-1

1323
旧統一教会　大江益夫・元広報部長懺悔録

樋田毅

この世に真実を語り残しておきたい――。その生い立ちから六〇年近く過ごした旧統一教会での日々、そして病を患ってからの心境の変化まで、元広報部長による人生をかけた懺悔。

978-4-334-10397-2

1324
定年いたしません！
「ジョブ型」時代の生き方・稼ぎ方

梅森浩一

「終身雇用」崩壊の時代、考えておくべき定年前後のライフプラン。自身が定年を迎えた人事のプロが、現実を前に、ジョブ型転職や給与、65歳からの就活について余すところなく解説！

978-4-334-10398-9

1325
なぜ地方女子は東大を目指さないのか

江森百花　川崎莉音

資格取得を重視し、自己評価が低く、浪人を避ける――。地方と女性という二つの属性がいかに進学における壁となっているのか。現役東大女子学生による緻密な調査・分析と提言。

978-4-334-10399-6

光文社新書

1326

しっぽ学

東島沙弥佳

ヒトはどのようにしてしっぽを失った？　しっぽにどんな思いを馳せてきた？　しっぽを知って、ひとを知る——。文理を越えて研究を続けるしっぽ博士が、魅惑のしっぽワールドにご案内！

978-4-334-10400-9

1327

人生は心の持ち方で変えられる？
〈自己啓発文化〉の深層を解く

真鍋厚

成長と成功を目指す「足し算型」に、頑張ることなく幸福を得ようとする「引き算型」。日本人は自己啓発に何を求めてきたか？「より良い人生を切り拓こうとする思想」の一六〇年を分析する。

978-4-334-10422-1

1328

遊牧民、はじめました。
モンゴル大草原の掟

相馬拓也

150㎞にも及ぶ遊牧、マイナス40℃の冬、家畜という懐事情を近所に曝け出しての生活——。モンゴル大草原に生きる遊牧民の暮らしを自ら体験した研究者が赤裸々に綴る遊牧奮闘記！

978-4-334-10423-8

1329

漫画のカリスマ
白土三平、つげ義春、吾妻ひでお、諸星大二郎

長山靖生

個性的な作品を描き続け、今も熱狂的なファンを持つ四人。後続の漫画家（志望者）たちを惹き付け、次世代の表現を形作ってきた。作品と生涯を通し昭和戦後からの精神史を読み解く。

978-4-334-10424-5

1330

ロジカル男飯

樋口直哉

ラーメン・豚丼・ステーキ・唐揚げ・握りずしなど、万人に好まれる料理を、極限までおいしくするレシピを追求！　料理に対する考えを一変させる、クリエイティブなレシピ集。

978-4-334-10425-2